Bettina Latt

Fehmarn - All inclusive

Ein Inselplaner

Bibliographische Information der Nationalbibliothek
Die deutsche Nationalbibliothek verzeichnet diese Publikation in der Deutschen Nationalbiografie; detaillierte bibliografische Daten sind im Internet über http:// dnb.d-nb.de abrufbar.

Fehmarn, Juni 2015

http://fehmarn-mit-hund.com

Lektorat: U. Pfeiffer
Cover: 123RF/Gestaltung: Jens Latt

© Icons: Pixabay, freepik,123RF

Fotos aus dem Umschlag und im Innenteil:
© Bettina Latt

Dieses Werk ist urheberrechtlich geschützt. Jede Verwertung - auch der Fotos - ist ohne Zustimmung der Autorin unzulässig. Dies gilt insbesondere für die elektronische oder sonstige Vervielfältigung, Übersetzung, Verbreitung und öffentliche Zugänglichmachung.

Inselkarte:© googlemaps

Herstellung und Verlag:
BoD - Books on Demand, Norderstedt
ISBN: 9 783738 609912

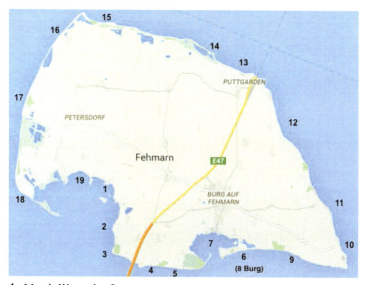

1 Neujellingsdorf
2 Gold
3 Staberdorf
4 Fehmarnsund
5 Wulfen
6 Südstrand/Burgtiefe
7 Burgstaaken
8 Burg
9 Meeschendorf
10 Staberhuk
11 Katharinenhof
12 Presen
13 Puttgarden/Grüner Brink
14 Gammendorf/Niobe-Denkmal
15 Altenteil
16 Westermarkelsdorf
17 Bojendorf
18 Flügger Leuchtturm
19 Lemkenhafen

Vorwort	6
Die Insel Fehmarn	7
Frühling	9
Der Südstrand	24
Zusammenfassung Frühlings-Wochenende	33
Sommer auf Fehmarn	35
Eine Urlaubswoche im Sommer	36
Ein Tagesausflug nach Lübeck	66
Grüner Brink und Wallnau	73
Ausflug nach Heiligenhafen	77
Flug über Fehmarn	82
Ein Tagesausflug nach Eutin/Der Bungsberg	83
Veranstaltungen im Sommer	85
Herbst auf Fehmarn	87
Reiten auf Fehmarn	90
Gammendorf/Niobe-Denkmal	97
Zusammenfassung Herbst-Wochenende	99
Winter auf Fehmarn	100
Zusammenfassung Winter-Wochenende	105
Gern mal Bio	106
Fehmarn für zu Hause	107
Schöne Aussichten/Ausflüge	110

Bei schlechtem Wetter/Besichtigungen	111
Sport und Wellness/Unternehmungen	112
Für Kids/Sonstiges	112
Fischbrötchen	115
Veranstaltungen	116
Die Strände der Insel Fehmarn	118
Notdienste	121
Unterkünfte	122
Interview mit einer Fehmaranerin	124
Von der Autorin getestete Restaurants/Cafés:	127
Frühstücken auf Fehmarn	133
Eis	135
Restaurants und Cafés mit Meerblick	136
Boote/Fahrräder/Golfen/Pferde u.a.	139
Schnüffelkurse	141
Kontakt für Schnüffelkurse:	142
Zur Autorin	143
Leseprobe aus „Die Beagle-GmbH"	144

Fehmarn - All Inclusive

Ein Inselplaner

Vorwort

Dieses Buch soll allen Urlaubern helfen, unbeschwerte und noch schönere Ferien auf der Sonneninsel Fehmarn zu verbringen.

Nicht jeder findet Vergnügen daran, einen Urlaub so intensiv vorzubereiten, dass man gleich nach der Ankunft den breitesten Strand, das beste Café direkt am Meer oder das leckerste Fischbrötchen findet.

Oft sucht man die schönste Aussicht, findet sie nicht und fährt ein wenig enttäuscht nach Hause.

Finden Sie mit Hilfe dieses Buches die schönsten Aussichten auf der Insel und Umgebung oder im Sommer Ihr Lieblingscafé direkt am Strand. Entdecken Sie zusätzlich das bezaubernde Heiligenhafen und finden Abwechslung bei einem Tagesausflug nach Lübeck.

Egal, ob ein sportlich aktiver Urlaub oder ein Wellness-Wochenende geplant ist - die Autorin hilft Ihnen, für Ihren Urlaub das richtige auf der Insel Fehmarn zu finden, ohne lange suchen zu müssen.

Zu allen vier Jahreszeiten ist in diesem Buch ein Wochenende, bzw. im Sommer eine Urlaubswoche für Sie zusammengestellt. Natürlich können Sie diese Wochenenden verändern und für Ihre Bedürfnisse zusammenstellen.

Die Insel Fehmarn

Fehmarn ist zu jeder Jahreszeit wunderschön. Im **Winter**, wenn der Wind stürmisch die Wellen hochpeitscht und man in einer warmen Jacke am Meer diesem Schauspiel zusieht, oder im **Frühling,** wenn die Rapsfelder sonnengelb mit dem blauen Himmel um die Wette eifern.

Im **Sommer,** wenn man den warmen Sandstrand unter den Füßen spürt und der leichte Wind vom Meer etwas Abkühlung bringt und im **Herbst,** wenn sich die Insel bunt färbt und man die letzten warmen Sonnenstrahlen im Strandkorb genießen kann.

Fehmarn bietet wunderschöne Aussichtspunkte, vielfältige Möglichkeiten für Wanderungen und Radtouren sowie sportliche Aktivitäten. Wellness und Relaxen sind ebenso möglich, wie lange Strandspaziergänge und einfach nur mal "die Seele baumeln lassen".

Das Schönste an der Insel ist die Unkompliziertheit, mit der man seinen Urlaub dort verbringen kann. Dies beginnt bereits mit der Anreise, für die man weder Zug noch Fähre benötigt, um auf die Insel zu gelangen.

Die Insel ist eher landwirtschaftlich geprägt mit vielen Feldern und Bauernhöfen. Die Feriengäste fühlen sich bei Urlaub auf dem Bauernhof wohl und die kleinsten Gäste kommen dabei ebenso auf ihre Kosten wie die Eltern.

Einige Höfe beinhalten die beliebten Hofcafés mit großen Torten und Kuchenstücken. Oft wird nebenbei noch Regionales von der Insel verkauft - sei es das Rapskissen, das im Winter wunderbar den Rücken wärmt, oder witzige Uhren, die zu Hause eine schöne Urlaubserinnerung und ein beliebtes Mitbringsel sind.

Mit anderen Worten: Fehmarn ist immer eine Reise wert!

Frühling

Ein Wochenende auf Fehmarn

*Im Frühling prangt die schöne Welt
in einem fast smaragdnen Schein.*

Im Frühjahr leuchtet die ganze Insel gelb, grün und blau. Bereits auf der Autobahn in Richtung Insel begleiten gelbe sanft geschwungene Hügel die Anfahrt. Die gelben Rapsfelder leuchten in der Sonne in einem kräftigen gelb. Ein Wochenende auf Fehmarn im Frühjahr ist wie ein kleiner Urlaub für die Seele.

Die Insel lädt mit langen Strandspaziergängen an einem der vielen Natur- oder Sandstrände ein. Cafés und Restaurants mit wunderbarer Aussicht auf das Meer - hier kann man die Seele baumeln lassen und sich erholen.

Ein geplantes Wochenende im Frühling

 Ankunft Freitag Abend:

An den Strand von Fehmarn-Sund fahren

Die Ferienwohnung beziehen, Gepäck abstellen und bei schönem Wetter gleich an den Strand von Fehmarn-Sund fahren. Hier kann man herrlich die letzten Sonnenstrahlen genießen. Bitte die Mütze nicht vergessen. Im Frühling ist es abends teilweise noch sehr kühl. Nach dem Strandbesuch geht es zum Abendessen in eines der Restaurants in Burg.

Eines der vielen Restaurants in Burg aufsuchen.

Wer gern Fisch ist, besucht in Burg das Fischrestaurant "Störtebecker" oder "Zum Haifisch",. Gut deutsch ist man in der "Doppeleiche" aufgehoben; italienisch isst man bei "Don Camillo" und griechisch im „Korfu". Im „Steak & Fisch Hus" wird sowohl Steak als auch Fisch angeboten. Kids gehen gern in das Pfannkuchenhaus. Es gibt auch ein Kartoffelhaus und ein chinesisches Restaurant. Es ist für jeden Geschmack etwas vorhanden.

Mehr Auswahl findet man unter: http://www.fehmarn-magazin.de/. Alternativ kann natürlich auch ein Restaurant im Urlaubsort besucht werden.

Es gibt z.B. das Aalhus in Landkirchen, den Margaretenhof in Neujellingsdorf, Kolle`s Fischpfanne in Lemkenhafen. Griechisch und deutsch kann man im Orther Hafen essen. Jugoslawisch isst man an der Abbiegung nach Vadersdorf, oder Schnitzel in Dänschendorf.

Eine Auflistung der Restaurants gibt es auf S. 127.

Wer keine Lust auf Essen gehen hat, bestellt sich einen Burger bei dem Lieferservice „Flying Burger", Tel. 0175 - 255 47 25 tägl. ab 17 Uhr - 21.30 Uhr.

Den Abend lässt man dann gemütlich in der Ferienwohnung ausklingen.

Nächster Tag: Samstag

Frühstücken im Lindenhof in Sulsdorf, im Pier 37 in Burgstaaken, Wisser's Hotel in Burg, den Inselbäckereien, im Hotel Bene am Südstrand oder in der kleinen Kaffeestube in Petersdorf.

Das Frühstück richtet sich ein wenig nach der Uhrzeit des morgendlichen Starts in den Tag. Bei den örtlichen Bäckereien bekommt man Frühstück à la carte bereits ab 7.00 Uhr; der Lindenhof in Sulsdorf bietet ein Frühstücksbuffet ab 9 Uhr an. Die Cafés in Burg, z.B. das Café Liebevoll, Frau Schmidt, das Stadtcafé öffnen später für ein Frühstück à la carte. Wisser´s Hotel bietet Frühstücksbuffet ab 10 Uhr an. Ein kurzer Anruf am Vortag in der gewählten Lokalität sichert das Frühstück am nächsten Tag. Viele Cafés haben während der Vorsaison noch geschlossen. Es kommt also auch ein wenig darauf an, ob Sie nach oder vor Ostern die Sonneninsel besuchen.

Die Restaurants und Cafés mit Frühstück sind am Ende des Buches auf S.133 noch einmal aufgeführt.

Nach dem Frühstück gibt es viele Möglichkeiten, den Tag zu verbringen. Hier kommt es auf die jeweils persönlichen Interessen an. Die Inselhauptstadt Burg lädt immer gern zu einem Bummel ein. Natürlich gibt es auch jede Menge sportliche Aktivitäten, denen man nachgehen kann. Hierbei kommt es auch ein wenig auf das Wetter an.

Bummeln durch Burg

Durch Burg lässt es sich herrlich bummeln.
Parkplätze gibt es überall. Sollte die Stadt sehr voll sein, parkt man am besten auf dem großen Parkplatz an der Osterstraße. Die Osterstraße ist eine Einbahnstraße. Um den Parkplatz zu erreichen, fährt man durch Burg und biegt links Richtung Katharinenhof und dann gleich wieder links bei Rathjen ab. Rechter Hand ist dann der große Parkplatz. Gleich gegenüber führt dann eine kleine Gasse zur Innenstadt.

Hier gibt es außer dem großen Kaufhaus Stolz diverse kleinere Geschäfte, die zum Bummeln einladen. Zwischendurch kann man Rast machen in einem der vielen Cafés. Andenken und Mitbringsel für zu Hause gibt es überall - natürlich auch bei Stolz oder bei Bug´s in der Bahnhofstraße 16-18. Für die Herren gibt es im Camel active Store in der Breiten Straße oft Prozente und reduzierte Ware.

Ein Besuch im Hafen lohnt sich.

Auf dem Weg zum Hafen gibt es Böhrk´s Räucherei mit leckerem Räucherfisch. Im Hafen lädt das Fischlädchen und das Lotsenhus zu einem Fischbrötchen oder Mittagsmahl sowie der Goldene Anker oder das Pier 37 zur Einkehr ein.

Gegenüber vom Pier 37 findet man in dem Geschäft Baltic Kölln allerlei Segelbedarf sowie warme Jacken, Mützen und vieles mehr. Es gibt auch eine Ecke mit reduzierter Markenware, z.B. von Gaastra.

Neben dem Pier 37 stellt Herr Larson u.a. Segeltaschen hier, die auch nach individuellen Wünschen gefertigt werden. Die Segeltaschen sind sehr robust und eignen sich hervorragend als Transportmittel für den wöchentlichen Einkauf, zum Sport oder vieles mehr.

Eine Golfstunde buchen

Fehmarn hat einen ganz wunderbaren Golfplatz mit einem tollen Blick über das Meer. Bei meinen Recherchen für dieses Buch habe ich natürlich als Anfängerin eine Golfstunde gebucht. Ich muss sagen, dass dies ein wirklich ganz wunderbares Erlebnis war, das ich nur jedem an einem Wochenendaufenthalt empfehlen kann.

Bereits von zu Hause kann man bei der Golfschule von David Stenson unter der Telefonnummer 0179 - 740 72 03 einen Termin für eine Probestunde im Golfen vereinbaren. Um zu dem Golfplatz zu gelangen, fährt man nach Wulfen und biegt in Wulfen Richtung Campingplatz „Wulfener Hals" ab. Man folgt der Straße bis wenige Meter vor dem Campingplatz und fährt dann rechter Hand auf den Parkplatz des Golfplatzes.

An dem Tag meiner Probestunde im April 2015 hatte ich typisches „Fehmarnwetter" mit strahlendem Sonnenschein und blauem Himmel. Das Green des Golfplatzes leuchtete mit der Sonne um die Wette. Mit festen Schuhen, Jeans, Poloshirt, Jacke und Weste war ich perfekt gekleidet für meine erste Golfstunde. Herr Stenson ist ein sehr netter Herr irischer Herkunft und hat mich mit einem strahlendem Lächeln, Schlägern und einem Korb voller Golfbälle empfangen.

Mir wurde erklärt, dass jeder Anfänger zunächst einige Abschläge auf der sogenannten Driving Ranch übt. Herr Stenson erklärte dann zunächst den richtigen Griff, mit dem man den Golfschläger hält und die richtige Körperhaltung. Die richtige Körperhaltung zu bewahren, den Golfschläger über den Kopf zu heben und mit Schwung gleichzeitig den Golfball zu treffen, ist gar nicht so einfach, wie es aussieht.

Zum Glück beinhaltete der Korb einige Golfbälle, um den Abschlag zu üben. Rechts und links neben mir übten ebenfalls einige Personen den Abschlag und das große grüne Rasenfeld vor uns lag voller Golfbälle. Diese werden maschinell am Abend eines Tages eingesammelt. Nach einigen Probeabschlägen - natürlich auch mal am Ball vorbei und manch guten und weniger guten Treffern - ging es weiter zum Putten. Der Schläger wurde gewechselt. Herr Stenson erklärte die Regeln und ich durfte versuchen, den Ball in das Loch zu befördern. Später ging es dann noch weiter auf einen 9-Loch-Übungsplatz.

Damen dürfen - im Gegensatz zu den Herren - weiter vorn abschlagen. Dies wird durch die gelben und roten Bälle auf der Golfbahn gekennzeichnet.

Fazit nach einer Probestunde im Golfen: Das muss ich unbedingt noch einmal machen!

Die frische Meerluft, die Aussicht über den großen grünen Golfplatz mit sanft geschwungenen Hügeln und dahinter das Meer - schöner kann man einen Tag im Freien fast nicht verbringen.

Interessant fand ich, dass sowohl eine kostenlose Probestunde (Sonntags i.d.Saison nach vorheriger Anmeldung), als auch Einzelstunden, 3-Tages-Kurse als auch der Platzreifekurs angeboten werden.

Wer länger vor Ort ist, kann sogar die Platzreife in einem der Kurse erlangen. Sofern man dann eine Urlaubsmitgliedschaft im Golfclub Fehmarn erwirbt, kann man mit dieser Platzreife auch auf einem Golfplatz zu Hause Golfspielen, oder hin und wieder auf Fehmarn im Urlaub.

Auch eine zweijährige Probemitgliedschaft ist möglich, sofern man erst einmal schauen möchte, wie oft es die Zeit ermöglicht und man überhaupt zum Golfspielen kommt.

Wer keine Lust auf eine Golfstunde hat, kann alternativ auch eine Massage im „FehMare" am Südstrand buchen. Mehr dazu gibt es unter: http://www.fehmare.de

Einen Strandspaziergang machen

Fehmarn hat unendlich viele Möglichkeiten zum Spazierengehen. Ich persönlich laufe sehr gern am Strand, aber auch auf Küstenwegen. Die Sonneninsel bietet hierfür ganz wunderbare Möglichkeiten.

Einer meiner liebsten Küstenwege ist der Weg oberhalb des Strandes von Staberhuk.

Hierfür fährt man bis zu der Marinestation mit den großen Antennen und parkt davor. Das Parken ist hier kostenlos. Von dort führt ein wunderschöner Küstenweg oberhalb des Strandes entlang - vorbei an dem Leuchtturm von Staberhuk. Wer mag, kann hier weiter laufen oder unten am Strand bis zum Parkplatz zurücklaufen.

Ein weiterer schöner Weg führt vom Strand von Fehmarn-Sund (kostenfreies Parken vor dem Deich) unter der Fehmarn-Sund-Brücke hindurch.

Wer unter der Brücke hindurch geht und sich dann nach rechts wendet, kann auf dem Weg, der dann nach oben führt, auf die Brücke laufen. Von dort oben hat man einen atemberaubenden Blick. Ende April und im Mai blühen hier die Rapsfelder in einem leuchtenden Gelb und wechseln sich mit dem Blau des Himmels und den weißen Schaumkronen auf den Wellen ab. Eine Mütze ist im Frühjahr noch ratsam. Es weht ein frischer Wind auf der Brücke.

Ein Wegweiser verweist darauf, dass es von hier 14 Kilometer bis Heiligenhafen und ca. 8 Kilometer bis Burg sind.

Wieder unten angelangt, folgt man dem schmalen Weg - immer am Wasser entlang. Man gelangt dann auf eine große grüne Wiese zu dem kleinen Leuchtturm von Staberhuk. Der Leuchtturm ist leider in Privatbesitz und nicht zu besichtigen.
Man kann jedoch auf der schönen drehbaren Holzliege - auch Feldsofa genannt - eine Rast

einlegen und den weiten Blick über das Meer genießen. Der Weg führt dann weiter am Campingplatz Strukkamphuk vorbei auf den Deich Richtung Gold.

Von hier hat man eine herrliche Sicht auf die Kitesurfer, die sich auch schon im Frühjahr auf die Wellen trauen.

Mit etwas Glück hat das Bistro „Achtern Diek" bereits auf und man kann draußen auf der Terrasse oder bei etwas kühlerem Wetter drinnen vor dem Kaminofen eine Rast einlegen.

Es geht dann weiter auf dem Deich immer mit Blick auf das Meer und rechts über die Wiesen und Felder nach Lemkenhafen. Wer vorher nicht im „Achtern Diek" in Gold eingekehrt ist, kann nun in Lemkenhafen zwischen „Kolles Fischpfanne" und der „Aalkate" mit leckerem geräucherten Fisch oder einem Fischbrötchen wählen. In der Aalkate kann man bei schönem Wetter herrlich im Garten hinter dem Restaurant direkt am Wasser sitzen.

Zurück geht es dann wieder über den Deich. Wer gern wandert kann natürlich auch landeinwärts zurücklaufen. Unterwegs gibt es viele schöne Stellen, an denen man immer wieder anhalten und den Blick über das Meer genießen kann.

Besonders erwähnenswert ist der Küstenweg zwischen Gold und Strukkamp. An sonnigen Tagen bietet dieser Küstenweg eine herrliche Aussicht über das Meer auf den Flügger Leuchtturm. Bei Wind kann man den vielen Kitesurfen und Windsurfern zusehen, wie sie mit ihren Segeln über das Wasser jagen.

Ein Picknick bei Sonne bietet sich hier an. Es gibt einige wunderschöne Stellen auf diesem Küstenweg an denen man gern verweilen möchte. Die Aussicht ist Balsam für die Seele.

Wer nicht mit dem Fahrrad oder zu Fuß den Weg von Strukkamp wandern möchte, kann direkt in Gold kostenpflichtig parken und von dort im Bistro Achtern Diek auf einen Kaffee, Salat oder auf eine Currywurst einkehren und danach auf den Küstenweg laufen. Frühstück gibt es im Achtern Diek in der Saison täglich ab 8 Uhr.

Der Südstrand

Fehmarns schönster Sandstrand - der Südstrand - befindet sich in Burgtiefe.

Hier kann man kilometerweit laufen. Vor allem in der Vorsaison findet man hier noch ein ruhiges Plätzchen auf einer Bank auf der Promenade. Der große Parkplatz ist kostenpflichtig - jedoch lohnt sich ein Besuch. Die meisten Cafés und Restaurants öffnen hier erst zur Saison. Die Saisonzeiten sind etwas unterschiedlich - ab Ostern sind jedoch alle Restaurants und Cafés geöffnet.

Vom Parkplatz ist es nur ein kurzer Weg zur Strandpromenade und zum Strand.

Wendet man sich am FehMare Erlebnisbad links herum, läuft man auf der Promenade entlang - vorbei an der Beachbar - nach Meeschendorf. Die Promenade endet kurz hinter der DLRG und den Toiletten und geht in einen Dünenweg über. In Meeschendorf kann man dann am Strand entlang zurücklaufen.

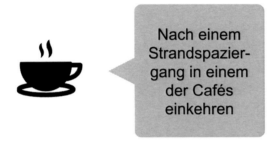

Direkt am FehMare führt eine Treppe nach oben in das Café/Restaurant „Brandung". Von hier oben hat man eine tolle Sicht über den Strand, die Promenade und das Meer.

Rechts am FehMare vorbei geht es entweder auf der Promenade entlang an den Außenplätzen der Bäckerei Böhrke, dem Hotel „Bene" und dem Bistro „Klussmann" vorbei bis zum Café „Sorgenfrei" ganz am Ende der Promenade. Das Café hat nur saisonal geöffnet - meist erst ab Mitte April oder nach Ostern.

Bei schönem Wetter kann man sehr schön in den Loungemöbeln vom Strandhotel „Bene" sitzen und den Wellen lauschen. Leider sind die Dünen im Sitzen davor, so dass der direkte Meerblick fehlt. Diesen Meerblick hat man dann umso mehr vom Café „Sorgenfrei". Das Café bietet eine der schönsten Aussichten auf der ganzen Insel und besticht durch seine einzigartige Lage direkt am Wasser. Im Frühjahr ist es oft noch kühl. Es empfiehlt sich daher eine warme Jacke.

Ganz herrlich windgeschützt und überdacht sitzt man draußen auf einer der Bänke vor dem Marché. welches sich linker Hand vom FehMare Richtung Meeschendorf befindet.

Nach dem Strandspaziergang ins Hofcafé

Nach einem wunderbaren Spaziergang oder Wanderung am Strand oder über die Küstenwege hat man sich ein Stück Kuchen in einem der vielen Hofcafés verdient.

Wer in Struckkamp oder am Fehmarn-Sund spazieren gegangen ist, kehrt danach am besten im Hofcafé in Albertsdorf ein. Hier gibt es leckeren Blechkuchen, Torten mit und ohne Sahne und andere Kleinigkeiten.

Eine leckere Suppe stärkt den müden Wanderer und ein frisches Brot, z.B. ein Vollkornbrot mit Haselnüssen, für zu Hause kann man auch gleich noch mitnehmen.

Draußen sitzt man unter einzelnen Pavillons oder in Strandkörben und genießt das ganz eigene Flair des Hofcafés.

An schönen Tagen stellt ein Maler seine Werke aus und im Hofcafé kann man einige schöne Andenken an die Insel erwerben. Hier findet jeder etwas.

Im Café ist Selbstbedienung, so dass man den Kuchen, den man am Tresen ausgesucht hat, gleich mitnehmen kann.

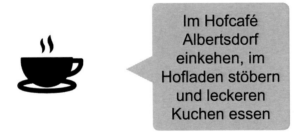

Im Hofcafé Albertsdorf einkehren, im Hofladen stöbern und leckeren Kuchen essen

Es gibt natürlich auch in anderen Orten Hofcafés, z.B. in Bisdorf. Hier gibt es große Kuchenstücke und eine große Auswahl an Sahnetorten.

Auch das Alleecafé in Katharinenhof bietet bei schönem Wetter im Cafégarten hausgemachte Torten und Kuchen an. An kühlen Tagen kann man im Café sehr gemütlich sitzen. Die Spezialität des Cafés sind große hausgemachte Windbeutel.

In Klausdorf bietet das Hofcafé Lafrenz neben dem Kuchen auch außergewöhnliche Eissorten, frisch gebackenes Brot und viele Inselprodukte an. Es ist ein schönes Café zum Stöbern und Andenken kaufen für zu Hause.

Ein weiteres schönes Café ist das Flora Café in Altjellingsdorf. Bei schönem Wetter sitzt man im Bauerngarten des Cafés und lässt sich den leckeren Kuchen mit Tee, Kaffee oder Kakao schmecken. Das besondere an diesem Café: Es gibt gluten- und laktosefreie Produkte - sowohl Kuchen, als auch Milch und Eis.

Überall in dem Café hängen witzige Uhren, die man als Mitbringsel für zu Hause käuflich erwerben kann. Natürlich gibt es auch hier Inselprodukte und Bücher zum Stöbern.

Im Café Flora gibt es gluten- und laktosefreie Produkte und einen Hofladen zum Stöbern.

Die Besitzerin und die Mitarbeiter sind sehr nett und beraten gern bei der Auswahl oder dem Kauf eines Produktes.

Wer einmal im Flora Café den „Schokokuss" gegessen hat, kommt ganz sicher noch einmal wieder.

Natürlich bietet auch Burg eine Auswahl an Cafés. Mein Favorit ist hier das Tee- und Kaffeekontor mit wunderbar bequemen Ledersesseln, einer ruhigen Außenterrasse und großen Kuchenstücken.

Kaffee und eine große Auswahl an Tee runden das Angebot ab. Natürlich kann man hier auch gleich einige Teesorten und auch frisch gemahlenen Kaffee in verschiedenen Sorten, wie z.B. Arabica, Zimt oder Karamell für zu Hause mitnehmen. In dem Café ist Selbstbedienung.

Abends

Abends geht es dann nach Lemkenhafen in Kolles Fischpfanne, nach Burg in eines der vielen Restaurants, nach Vadersdorf zum Jugoslawen, nach Orth zum Griechen oder in`s Piratennest. Auch die Strandpizzeria an der Südstrandpromenade ist einen Besuch wert.

Mein Favorit am Samstag Abend ist das Restaurant „Netti`s" in Burg. Wer hier in der Saison, also nach dem 1.4. eines Jahres einkehren möchte, sollte bereits von zu Hause aus einen Tisch vorbestellen. Die Ente ist über die Grenzen Fehmarns hinaus bekannt. Auch die anderen Gerichte auf der Karte sind sehr zu empfehlen.

> Tisch vorbestellen in Netti`s Restaurant
> Tel. 04371 / 879242

Das Netti`s öffnet täglich ab 17 Uhr. Außerhalb der Saison ist am Dienstag Ruhetag (Stand: Juni 2015).

Danach empfehle ich einen Besuch im Burger Filmtheater. Unscheinbar von außen, ist es von innen ein Erlebnis. Das Burger Filmtheater ist eines der noch wenigen Bedienkinos in Deutschland und hat eine ganz besondere Atmosphäre. Die Bar bietet eine große Auswahl an Getränken.

Man sitzt gemütlich an Tischchen mit kleinen Lampen und einer Klingel. Die Klingel betätigt man, wenn man Getränke oder Knabbereien bestellen möchte. Die freundliche Bedienung nimmt gern umgehend die Wünsche entgegen und bringt die bestellte Ware an den Platz. So lässt es sich gut aushalten. Läuft dann noch der richtige Film, ist der Abend perfekt.

Wer keine Lust auf Kino hat, kann einen Cocktail in der „Brandung" mit herrlichem Meerblick genießen. Die Bar befindet sich im 1.Stock des FehMare am Südstrand.

Cocktail in der Bar „Brandung" mit Meerblick genießen

Nächster Tag: Sonntag

Frühstücken im „Pier 37" am Hafen oder zum Frühstücksbrunch ins „Alleecafè" in Katharinenhof, ins Strandhotel „Bene" oder ins Café „Sorgenfrei"

Wer im Alleecafé frühstückt, sollte danach nicht versäumen, am Strand von Katharinenhof einen Strandspaziergang zu machen. Bei Wind ist dieser Strandabschnitt herrlich windgeschützt. Oberhalb führt ein schöner Rad- und Fußweg - immer mit Blick auf das Meer - entlang. Unten wendet man sich am besten nach links. Hier lässt es sich leichter laufen. Links herunter kann man bis nach Gahlendorf laufen. Wer nicht ganz so weit laufen möchte, geht kurz hinter dem Waldpavillon über den Campingplatz zurück.

Sofern man sich für ein Frühstück im Pier 37 entscheidet, empfiehlt sich danach ein langer Strandspaziergang am Südstrand in Burgtiefe.

Hier kann man Abschied vom Meer nehmen und nach einem sehr entspannten Wochenende die Heimfahrt antreten.

Zusammenfassung Frühlings-Wochenende

Freitag
- Ankunft/Besuch am Strand von Fehmarn-Sund
- Abendessen im Restaurant in Burg oder am Ferienort

Samstag:
- Frühstück á la carte oder Brunch
- Stadtbummel/Hafenbesichtigung
- Golfkurs oder Massage im FehMare
- Strandspaziergang/Küstenwege

- Blick von der Fehmarn-Sund-Brücke

- Kuchen im Hofcafé
- Abendessen im Restaurant
- Burger Filmtheater

Sonntag:
- Frühstück á la carte oder Brunch
- Strandspaziergang
- Heimfahrt

Sommer auf Fehmarn

*Im Sommer glänzt das reife Feld,
und scheint dem Golde gleich zu sein.*

Ein Sommer am Meer. Davon träumt wohl jeder. Den meisten Menschen sind leider nur ein oder zwei Wochen vergönnt. Diese wunderbare Zeit kann man auf der Sonneninsel ganz herrlich verbringen. Es gibt auf Fehmarn so unendlich viele Möglichkeiten, die wunderschönen Sommer-Sonnentage zu verbringen.

Im warmen Sand liegen oder mit einem Buch im Strandkorb sitzen, mit den Füßen im Wasser einen langen Strandspaziergang machen, oder die Füße vom Steg im Wasser baumeln lassen sind nur einige von vielen Möglichkeiten, sich zu erholen.

Auf Fehmarn kann man jedoch auch surfen, kiten, segeln, radeln, fliegen, reiten, golfen, klettern, joggen und sicher noch einige andere Sportarten betreiben, die mir gerade alle gar nicht einfallen.

Eine geplante Urlaubswoche im Sommer

Eine Urlaubswoche im Sommer

 ### Ankunft Freitag Abend

Nach Besichtigung der Unterkunft und Abstellen des Gepäcks geht es erst einmal an den Strand. Den warmen Sand unter den Füßen spüren - darauf hat man das ganze Jahr gewartet. Feinen weißen Sandstrand findet man auf Fehmarn entweder am Südstrand in Burgtiefe gleich an der Strandpromenade, am Fehmarn-Sund-Strand hinter dem Deich, am Badestrand „Grüner Brink" oder in Meeschendorf. Die übrigen Strände sind Naturstrände, mal mit weniger mal mit mehr Steinen.

Am besten nehmen Sie einfach den Strandabschnitt, der Ihrem Urlaubsquartier am nächsten liegt.

Wer sein Lieblingsgetränk nicht mit dabei hat, kann bei Ankunft auf der Insel auch kurz in Burg im Supermarkt etwas einkaufen. Die Supermärkte (Edeka, Aldi, Lidl und ein Getränkemarkt) befinden sich alle gleich am Kreisel am Ortsrand von Burg. Man fährt bei McDonalds vorbei und biegt dann rechts oder links vom Kreisel ab - je nach Markt. Hier kann man auch etwas für den nächsten Morgen zum Frühstück einkaufen, sofern man kein Zimmer oder Pension mit Frühstück gebucht hat. Im Sommer haben die meisten Märkte bis 21 Uhr auf, manche auch länger und auch am Sonntag.

Mit dem Lieblingsgetränk am Strand - da fängt der Urlaub gut an.

Wer bequemer sitzen möchte, fährt zum Café Sorgenfrei am Südstrand. Das Café Sorgenfrei hat ab April eines jeden Jahres (meistens ab Ostern) jeden Tag bis Sonnenuntergang geöffnet. Es ist ganz wunderbar, hier die letzten Sonnenstrahlen auf der Terrasse direkt am Wasser zu genießen und den einlaufenden Segelschiffen hinterher zu blicken. Abends wird es hier aufgrund der Nähe zum Wasser kühl - also bitte nicht eine Jacke vergessen.

Bei Ankunft entweder an den Strand oder ins Café Sorgenfrei am Südstrand fahren

Nächster Tag: Samstag

Frühstücken im Hofcafé Albertsdorf draußen unter einem der Pavillons, im Strandkorb auf dem Hof, oder in einem der Cafés oder Inselbäckereien in Burg

Danach geht es entweder an den Strand oder auf das Fahrrad.

Ein Sonnenbad am Strand

Strandkorbvermietung gibt es am Südstrand auf der Strandpromenade, aber auch z.B. in Bojendorf am Naturstrand hinter dem Deich. Hier gibt es auch einen Kiosk und Imbiss für den kleinen Hunger. Für Familien mit Kindern ist auch der Badestrand im Naturschutzgebiet „Grüner Brink" ganz wunderbar. Es gibt auch dort einen Kiosk und einen Kinderspielplatz davor. Von dem großen Parkplatz bis zum Strand sind es nur wenige Meter.

> Nach dem Frühstück über die Insel mit dem Fahrrad radeln

Die Alternative zum Strand ist eine Radtour über die Insel. Fahrräder in allen Größen und Variationen kann man überall auf der Insel leihen. Besonders beliebt sind natürlich die E-Bikes, mit denen das radeln - je nach Wind - dann nicht so anstrengend ist.

Von den meisten Fahrradverleihern werden die Fahrräder auch an einen gewünschten Ort, z.B zur Ferienwohnung gebracht und auch wieder abgeholt. Zur Hochsaison empfiehlt sich vorab bereits eine Reservierung, sofern Sie ein E-Bike leihen möchten.

Meine persönliche Lieblingsradstrecke führt von Burg über Landkirchen nach Lemkenhafen. Der Radweg führt neben der Straße entlang. Von Neujellingsdorf geht es an den Feldern vorbei nach Lemkenhafen. Hier endet der Radweg zunächst an der Mühle von Lemkenhafen.

Ein Besuch des Mühlenmuseums lohnt sich. Das Mühlenmuseum hat vom 1.6.-31.10. eines jeden Jahres täglich außer mittwochs von 10.00 - 17.00 Uhr geöffnet.

Die Segel-Windmühle Jachen Flünk wurde 1787 errichtet. Es ist die älteste, komplett erhaltene - noch mit Windsegeln funktionstüchtige - Windmühle Schleswig-Holsteins und steht natürlich unter Denkmalschutz.

Auf sechs Ebenen kann man sich hier über die Geschichte der Mühle informieren, viele alte Gegenstände von früher, wie z. B. Mausefallen, Pferdegeschirr, etc. bestaunen. Von der umlaufenden Galerie hat man schon einen ganz wunderbaren Blick über Lemkenhafen.

Steigt man dann noch einige Ebenen höher, kann man oben die kleinen Luken öffnen (nicht bei Regen oder Sturm) und den wunderbaren Ausblick genießen.

Über jeder Luke steht auf einem Schild beschrieben, zu welchen Orten man auf der Insel gerade schaut.

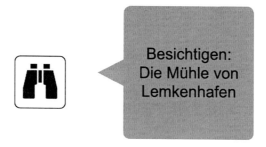

Von der Mühle geht es durch Lemkenhafen hindurch über den Deich nach Gold. Hierfür radelt man von der Mühle weiter Richtung Hafen und biegt am Ende links ab. Man folgt der Straße, fährt an der Aalkate mit dem wunderbar lecker geräucherten Fisch und den Fischbrötchen vorbei und biegt dann rechts ab Richtung Westerbergen. In Westerbergen hält man sich rechts und fährt dort auf den Deich Richtung Gold. Der Weg führt immer am Wasser entlang mit einem herrlichen Blick über das Meer und links über die Felder.

In Gold kann man im Bistro „Achtern Diek" Rast machen, den Surfern und Kitern zusehen oder weiterradeln. Es geht dann am Campingplatz Struckkamp vorbei. An der Spitze steht der kleine weiße Leuchtturm, den man schon bei der Anfahrt auf die Insel sehen konnte. Von hier hat man einen wunderbaren Blick auf die Fehmarn-Sund-Brücke. Ein drehbarer großer Holzstuhl - auch Feldsofa genannt - lädt zu einer kurzen Rast und Genießen der Aussicht ein.

Besichtigen:
Die Fehmarn-
Sund-Brücke

An der Brücke angekommen, führt ein asphaltierter Weg nach oben. Hierfür biegt man an der Wetterhütte links ab ins Inselinnere. Rechter Hand führt dann der Weg nach oben. Mütze und Fotoapparat nicht vergessen. Oben weht meist eine steife Brise. Der Aufstieg lohnt. Hier kann man den

Blick weit schweifen lassen. Über die Felder und das Meer hinweg kann man bei schönem Wetter bis zum Flügger Leuchtturm schauen.

Am Strand von Strukkamp lässt es sich gut Rast machen. Bänke laden zum Verweilen ein. Natürlich kann man sich auch an den Strand setzen.

Rast machen am Strand von Fehmarn-Sund und Strukkamp

Weiter geht es dann unter der Brücke hindurch zum Strand von Fehmarn-Sund. Auch hier laden Bänke und ein wunderbarer Sandstrand zum Verweilen ein. Der Blick auf die Brücke und die darunter fahrenden Schiffe ist einfach wunderbar.

Von hier aus geht es weiter nach Wulfen. Hier wird es etwas hügelig - kaum zu glauben, aber wahr! Von dem kleinen Berg hat man eine wunderbare Sicht über die Felder hinweg zur Brücke.

Wer mag, kann an den Strand von Wulfen radeln und hier ein Sonnenbad nehmen. Zu dem Strand führt eine Treppe hinunter. Mit dem Rad bleibt man besser oben zwischen dem Parkplatz und dem Golfplatz auf der großen Wiese. Von hier hat man einen atemberaubenden Blick über das Meer bis hin zur Brücke. Gleichzeitig kann man einigen Golfern zusehen, die hier sehr nah vorbei kommen.

Weiter geht es dann zum Campingplatz „Wulfener Hals". Wer hinter der Schranke über den Campingplatz das Fahrrad schiebt, kommt direkt ans Wasser.....und einer Eisdiele mit einem wunderbaren Blick über das Meer.

Eis essen auf dem Campingplatz „Wulfener Hals"

Wer mag, kann auf der Wiese vor dem Campingplatz weiter ausruhen und den Surfern zusehen.

Es geht dann zurück nach Burg und zu der Ferienwohnung. Wer keine Lust auf Eis hatte, bekommt in Burg in einem der vielen Cafés leckeren Kuchen. Große Stücke gibt es z.B. im Café Jedermann oder im Teekontor. Beide Cafés liegen sehr ruhig in einer Seitenstraße mit schöner Außenterrasse.

Nach einer Pause in der Ferienunterkunft geht es abends zum Essen in „Kolles Fischpfanne" oder zum Grillabend in der Aalkate. Beide Lokale sind in Lemkenhafen. Die Aalkate hat einen wunderbaren Garten direkt am Wasser und veranstaltet in den Sommermonaten freitags und samstags Grillabende mit frisch gegrilltem Fisch im Garten. Das Essen genießt man an den Tischen am Wasser mit Blick über die Bucht von Lemkenhafen.

Hier kann man gemütlich den Tag ausklingen lassen.

Nächster Tag: Sonntag

Nach einem morgendlichen Strandspaziergang am Südstrand kann der Tag mit einem leckeren Brunch starten.

Am Sonntag ist das Frühstücksbuffet im Café Sorgenfrei in Burgtiefe oder im Alleecafé in Katharinenhof empfehlenswert. In der Hochsaison sollten Sie vorher einen Tisch reservieren.

Nach dem Frühstück lässt man den Sonntag ruhig angehen und mietet einen Strandkorb.

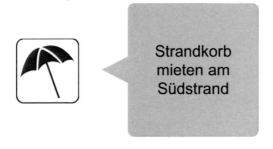
Strandkorb mieten am Südstrand

Alternativ hat man vorab einen Termin für eine Probestunde im Golf vereinbart. Die Beschreibung einer Probestunde finden Sie unter dem Kapitel „Ein Wochenende im Frühling". Es werden von der Golfschule auch Wochenendkurse und Golfwoche mit Platzreife angeboten. Mehr dazu finden Sie unter http://golfpark-fehmarn.de

Golfkurs in Wulfen auf dem Golfplatz oder in Minigolf in Meeschendorf

Wer sich nicht ganz so sportlich betätigen möchte, kann auf einer tollen Minigolfanlage bei Adventure-Golf in Meeschendorf sein Können unter Beweis stellen. Hier gibt es witzige Kombinationen, die zu spielen sind. Lassen Sie sich einfach überraschen und haben Spaß.

Egal, ob Strand oder Sport, danach ist ein Eis oder ein Fischbrötchen im Hafen immer einen Ausflug wert. Eine Eisdiele gibt es neben dem Fischlädchen. Im Café „El Sol" im Hafen ist auch der Flammenkuchen oder der Palatschinken mit Eis zu empfehlen. Die Sicht auf die herein- und herausfahrenden Segelboote gibt es gratis dazu.

Fischbrötchen gibt es sowohl im Lotsenhus als auch im Fischlädchen. Eis gibt es in der Eisdiele neben dem Fischlädchen oder im Café „El Sol".

Eis essen im Hafen Burgstaaken

Nach einem Bummel durch den Hafen, durch Burg oder einem Strandspaziergang geht es in das Restaurant „Seeblick" auf dem Campingplatz „Wulfener Hals".

Reservierung wird vorab empfohlen. Auf der windgeschützten Terrasse ist es auch abends noch herrlich warm. Die Gerichte sind vielfältig und es ist für jeden etwas dabei. Mit einem leckeren Getränk lässt sich der Abend hier wunderbar beschließen.

Abendessen im Restaurant „Seeblick" auf dem Campingplatz Wulfener Hals

Zu dem Restaurant kann man auch mit dem Auto über den Campingplatz fahren. Hierfür sagt man vorn an der Rezeption Bescheid, die dann die Schranke öffnet. Am Restaurant gibt es kostenlose Parkplätze.

Nächster Tag: Montag

Der Montag startet mit einem schönen langen Strandspaziergang, z.B. am Südstrand (Sandstrand und Dünen) oder am Strand von Westermarkelsdorf (Naturstrand mit Sand, Steinen und Dünen).

Danach geht es zu einem leckeren Frühstück in die „Kleine Kaffeestube" in Petersdorf.

Frühstück à la carte gibt es hier ab 9.30 Uhr auf der Sonnenterrasse vor dem Café oder an kühleren Tagen in den beiden gemütlichen Räumen im Innenbereich.

Beate Ripke ist mit Laib und Leben die Besitzerin des zauberhaften Cafés und bereitet sowohl das Frühstück als auch jeden Kuchen mit viel Liebe zu. Natürlich sind alle Kuchen selbst gebacken und sehr lecker. Sehr empfehlen kann ich die Stachelbeer-Baiser-Torte, die Erdbeertorte und die Nusstorte. Es lohnt sich also, hier auch einmal nachmittags auf ein leckeres Stück Kuchen und einen Kaffee oder Tee einzukehren. Der Tee wird mit einer Sanduhr serviert und zu jedem Tee erklärt Frau Ripke, wie lange er ziehen muss.

Danach lädt das wunderschöne Örtchen Petersdorf zu einem kleinen Rundgang ein. Mindestens den großen Dorfteich sollte man gesehen haben. Petersdorf besticht sehr durch die kleinen kopfsteingepflasterte Gassen, hübsche Häuser und die ruhige Lage des großen Dorfteiches. Über das holperige Kopfsteinpflaster geht es dann zurück zum Auto oder Fahrrad.

Nach dem Frühstück und Rundgang durch den Ort wäre eine Probefahrt auf einem Katamaran für jeden ein Erlebnis, der dies noch nicht ausprobiert hat und gern auf dem Wasser ist.

Segeln mit einem Katamaran

Für die Probefahrt ist eine vorherige telefonische oder persönliche Voranmeldung erforderlich. Ich habe dies im Jahr 2013 in der Surfschule von Manfred Charchulla ausprobiert. Die Surfschule Charchulla befindet sich auf der rechten Seite in Burgtiefe, schräg gegenüber von der Einfahrt zu dem großen Parkplatz vom Südstrand. Manfred Charchulla ist einer der Charchulla-Zwillinge. Er und sein Bruder Jürgen sind eine Surflegende und schon überall auf der Welt - und am liebsten auf Fehmarn und in der Karibik - gesurft und gekitet. Die Brüder sind berühmt geworden, weil sie auf einem Surfbrett zu zweit gesurft sind. Das ist eine echte Leistung.

Vor einigen Jahren sind acht Surfer auf einem Brett von Fehmarn nach Dänemark mit der Fähre um die Wette gesegelt. Leider hat die Fähre mit einem Vorsprung von zehn Minuten gewonnen. So ein Ärger!

In der Surfschule kann man alles mögliche ausprobieren - segeln, surfen, kiten und SUP. Wir, mein Mann und ich, wollten das Segeln mit einem Katamaran ausprobieren.

Wir bekamen zunächst Neoprenanzüge sowie Surfschuhe, dann kam Manfred Charchulla mit einem kleinen Handwagen angefahren. Hierin waren Segel, Ruderstange und Seile für den Aufbau. Es musste die Plane vom Katamaran gelöst werden und dann ging der Aufbau los. Manfred erklärte alles ganz genau und wir liessen mittels einer Winde und einem Trailer den Katamaran ins Wasser. Ich sollte dann ins Wasser gehen und den Katamaran anschieben. Gesagt - getan. Ich stieg von dem Trailer ins Wasser, rutschte auf den glitschigen Steinen mit der glatten Gummisohle der Surfschuhe aus, fiel rückwärts und knallte mit beiden Beinen und linkem Fuß an die Stange des Trailers. Autsch! Naja, ein Indianer kennt keinen Schmerz, also aufgerappelt und in den Katamaran geklettert. Das Anschieben des Katamarans habe ich dann den beiden Männern überlassen.

Nach einigen Erklärungen von Manfred, was wer zu tun hatte, sind wir im strahlenden Sonnenschein losgesegelt - aus dem Hafen hinaus auf die Ostsee. War das schön! Wir segelten an der Steilküste von Wulfen vorbei, um das Cap herum. Hier gab es guten Capwind und Manfred erzählte aus seinem spannenden Leben, während er eine Pfeife rauchte.

Um das Cap herum nahm der Katamaran mächtig an Fahrt auf, die Wellen rauschten und man war ganz nah am Wasser, das auch mal durch das Netz in der Mitte spritzte. Durch unsere Anzüge waren wir gut geschützt und warm.

Wir segelten mit und am Wind und mussten immer wieder kreutzen, damit sich die Segel ordentlich blähten. Heißt also, man kann nicht einfach lossegeln, immer geradeaus und dann abbiegen, wo man gerade einmal möchte. In einem Segelboot hat man einen Motor, damit man ohne Segel fahren kann; in einem Katamaran ist man auf den Wind angewiesen und muss ihn gut nutzen, um voranzukommen. Ab ging es dann unter der Fehmarnsund-Brücke hindurch - immer in Richtung Staberhuk. Manfred war auf dem Wasser eingefallen, dass wir seinen Bruder Jürgen besuchen könnten. Gesagt - getan.

Wir ließen also den Katamaran im Wasser und mussten einige Meter im Wasser zu Fuß zurück legen, um an Land zu gelangen. Auch hier hielten uns die Neoprenanzüge warm. Nach kurzer Kaffeepause bei der Segelschule von Jürgen Charchulla in Struckkamp ging es zurück. Die Frau von Jürgen Charchulla hatte uns vorsorglich warme Segeljacken mitgegeben, die es in der Segelschule als Ausrüstung für die Segelschüler gibt. Was für ein Glück! Auf dem Wasser war es schon sehr kühl. Kurz nach der Fehmarn-Sund-Brücke ging hinter uns die Sonne unter und versank im Meer.

In dunkler Nacht segelten wir am Campingplatz Wulfener Hals mit den vielen Lichtern und der Musik, die an unser Ohr drang, vorbei Richtung

Hafen Burgstaaken. Auf dem Campingplatz gab es wohl gerade eine Party.

Gegen 22.45 Uhr legten wir an und zogen den Katamaran aus dem Wasser. Zwischenzeitlich war es so dunkel, dass man kaum die Hand vor Augen erkennen konnte. Manfred wußte, was zu tun war. Alles wurde wieder abgebaut und in dem kleinen Handwagen verstaut. Ich konnte kaum noch laufen - mein Fuß war sehr angeschwollen.

Am nächsten Morgen fand ich mich dann im Krankenhaus auf Fehmarn ein - der Fuß war angebrochen, die Schienbeine blau und ich durfte einige Wochen mit einem Klotz am Bein und Krücken durch die Gegend humpeln.

Trotzdem habe ich das Katamaransegeln nicht bereut. Es war ein tolles Erlebnis, das ich nur jedem empfehlen kann!....aber bitte Vorsicht mit den Surfschuhen auf glitschigen Steinen!

Alternativ: Eine Radtour

Eine Alternative zum Segeln ist eine Radtour. Fehmarn hat wunderschöne Deiche, auf denen es sich herrlich radeln läßt. Meine Lieblingstour geht von Lemkenhafen über den Deich nach Orth und von dort zum Flügger Leuchtturm und zum Jimmy

Hendrix Gedenkstein. So oft bin ich hier schon geradelt - trotzdem sause ich hier jeden Sommer mindestens einmal entlang und klettere auf den Leuchtturm. Der Weg zum Leuchtturm ist landschaftlich sehr reizvoll und man kann alles sehen, was die Sonneninsel zu bieten hat.

Zunächst geht es durch ein Tor auf den Deich Richtung Orth. Der Zugang ist am Ende von Lemkenhafen Richtung Orth. Wer zu Fuß gehen möchte, kann auf dem großen Parkplatz in Lemkenhafen rechts am Ende des kleinen Hafens parken.

Die Tore der Deiche müssen immer geschlossen sein, damit die dort frei laufenden Schafe nicht weglaufen können. Links hat man bis Orth einen herrlichen Blick über das Meer und auf die Fehmarn-Sund-Brücke. Rechts wiegen sich golden die Kornfelder im Wind. In Orth folgt man dann der Straße, die automatisch in den kleinen Hafen führt. Hier ist ein wenig die Zeit stehen geblieben. Man ruckelt mit dem Rad über Kopfsteinpflaster.

Gleich links lädt das kleine Café am Hafen zu selbstgebackenem Kuchen und Eis ein. Orth ist ein Segelhafen und so bekommt man in dem Café bereits morgens ab 6.30 Uhr Frühstück à la carte. Viele Segler legen nach dem Frühstück ab und verbringen den Tag auf dem Wasser. Im Sommer kann man oft auch schon morgens im Strandkorb

Auf dem Weg zum Flügger Leuchtturm

Sicht vom Flügger Leuchtturm

mit schönem Blick auf die Segelboote das Frühstück genießen.

Während der Radtour kann man hier eine Rast einlegen oder in einem der benachbarten Cafés. Auch im Café Villa gibt es Eis, Kuchen und am Wochenende Frühstück ab 10 Uhr.

Es geht dann weiter - am „Piratennest" vorbei wieder durch das Tor auf den Deich. Die Landschaft verändert sich hier dann später. Man fährt hinunter von dem Deich zwischen hohen Gräsern hindurch und immer weiter Richtung Flügge. Ich finde diese Landschaft so besonders schön. Rechter Hand befinden sich kleine Seen und Teiche - vor uns der Deich und das Meer. Der Deich macht eine Kurve und man kann schon von weitem den Flügger Leuchtturm sehen. Der Weg führt dann direkt zum Leuchtturm, der natürlich zu besichtigen ist. Er hat 186 Stufen und der Aufstieg lohnt sich. Der Blick entschädigt für die Mühe des Aufstiegs. Auf der

Den Flügger Leuchtturm besichtigen

Plattform kann man halb herum gehen und schöne Fotos als Erinnerung für zu Hause machen.

Öffnungszeiten Flügger Leuchtturm

01.04. bis 31.10.
Dienstag bis Freitag
10 bis 17 Uhr
Montags Ruhetag

Nach der Besichtigung geht es dann weiter zum Gedenkstein von Jimmy Hendrix. Vom Leuchtturm kommend fährt man hierfür ein Stück auf der Straße Richtung Orth zurück und biegt dann links ab.

Hier geht es an dem großen Parkplatz vorbei. Wer mit dem Auto den Flügger Leuchtturm besichtigen möchte, muss hier parken und von dort noch ca. zwei Kilometer zu Fuß laufen.

Die Straße macht dann einen Bogen nach links und man kommt zu einem Campingplatz. In der Einfahrt zu dem Campingplatz weist ein Schild nach rechts auf den Jimmy-Hendrix-Gedenkstein hin.

Es geht weiter auf dem Fuß- und Radweg - immer an der Seite des Campingplatzes vorbei - bis zu einer großen Wiese. Schon von weitem kann man den Gedenkstein sehen. Jimmy Hendrix hat hier im Jahr 1970 nur 12 Tage vor seinem Tod sein letztes Konzert gegeben. Der Gedenkstein mit der Aufschrift „Jimi Hendrix – Fehmarn – Love and Peace Festival – 4.–6. Sept. 1970" erinnert an dieses letzte Konzert. Wenn man auf der großen Wiese steht, kann man sich gut die ca. 25.000 Besucher dieses letzten Konzertes vorstellen.

Links von dem Gedenkstein führt ein Weg über die Wiese direkt zum Strand. Der Strand ist ein Naturstrand mit Heckenrosen, Dünen und Sand mit wenig Steinen. Hier kann man herrlich im warmen Sand ausruhen.

Ausruhen am Strand von Flügge (Campingplatz oder Leuchtturm)

Zurück radelt man dann ein Stück Straße und wieder über den Deich nach Orth. Die Aussicht beim Radeln über das glitzernde Meer im Sonnenschein ist einfach herrlich!

Im Orther Hafen gibt es für das Abendessen einige Restaurants. Für jeden Geschmack ist etwas dabei - egal ob griechisch, deutsch oder einfach nur eine Kleinigkeit. In allen Restaurants kann man die Aussicht auf den Hafen und die Segelboote genießen und den Blick über das Wasser schweifen lassen.

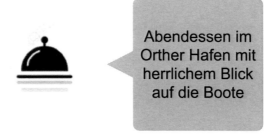

Abendessen im Orther Hafen mit herrlichem Blick auf die Boote

Nächster Tag: Dienstag

Der Morgen startet mit einem Strandspaziergang am Südstrand. Danach kann man sich bei einem großen Frühstücksbuffet im Strandhotel Bene am Südstrand stärken. Auf der Terrasse lauscht man beim Frühstück dem Rauschen der Wellen. Natürlich gibt es auch die Bäckerei Böhrke, die mit Außenlätzen zu einem Frühstück einlädt.

SUP,Kiten,Surfen, Segeln

Danach geht es in den Strandkorb oder zu einer Probestunde im SUP (Stand up Paddling), Kiten, Surfen oder Segeln. Stand up Paddling ist eine relativ neue Trendsportart und eine Kombination aus Kanupaddeln und Surfen ohne Segeln. Es ist eine Alternative zum Surfen oder Kiten an windstillen Tagen. Auf Fehmarn werden Einsteigerkurse im SUP von fast allen Surf- und Kiteschulen angeboten.

SUP bietet einen guten Einstieg für Anfänger im Surfen. Man lernt beim SUP die Bewegungen, die später zum Bretthandling für das Wind-oder Kitesurfen benötigt werden.

Wer erst einmal selbst das Stehen auf einem solchen SUP-Board ausprobieren möchte, kann ein Board beim Surfshop vom Windsport Fehmarn (Edeka-/Aldiparkplatz) in Burg ausleihen. Die Testgebühr von 25,00 € wird beim Kauf des Boards später angerechnet. Auch die Surf- und Segelschule von Manfred Charchulla bietet eine kostenlose Einführung und den Verleih ab 10 € an.

Auf dem Board zu stehen, sieht zunächst einfacher aus, als es ist. Im Sitzen oder auf Knien paddeln macht natürlich viel Spaß. Beim Aufstehen muss man dann schon sehr das Gleichgewicht halten können. Wer es dann schafft, im Stehen loszupaddeln, kann sein persönliches Erfolgserlebniss für den Tag verbuchen.

Für Interessierte am Surfen, Kiten oder Segeln gibt es sowohl Crash- und Einsteigerkurse als auch Wochenkurse. Kite- und Surfschulen gibt es Rund um die Insel, z.B. in Burg, im Orther Hafen, in Gold und in Lemkenhafen.

Im Sommer gibt es neben dem Café Sorgenfrei auch einen SUP - Verleih am Südstrand.

Danach kann man an den Strand von Westermarkelsdorf fahren. Einen PKW-Parkplatz gibt es hinter dem Deich. Parken ist hier kostenfrei. Wer mit einem Wohnmobil oder Auto mit hohem Dachaufbau reist, muss vor dem Deich parken. Vor dem Parkplatz am Strand ist eine Stange, die verhindern soll, dass hier Wohnmobile durchfahren und am Strand campen.

Wendet man sich auf dem Deich nach rechts, läuft man zwischen den vielen Schafen hindurch mit Blick auf das Meer immer Richtung Leuchtturm. Zurück geht es dann direkt am Meer entlang wieder zum Auto.

Wer noch nicht genug vom Strand hat, kann ein Picknick abhalten oder am Strand direkt am Wasser grillen. In den Dünen lässt sich herrlich auf einer Picknickdecke der Tag beschließen oder in einer Feuerschale oder Einweg-Grill vorn am Wasser grillen und dabei der untergehenden Sonne zusehen.

Rezepte für ein Picknick und Grillen am Strand gibt es unter: http://fehmarn-mit-hund.blogspot.de

Nächster Tag: Mittwoch

Ein Tagesausflug nach Lübeck

Am Mittwoch empfiehlt sich ein Tagesausflug nach Lübeck. Von Fehmarn fährt man ca. 45 Minuten über eine (meist) wenig befahrene Autobahn nach Lübeck. Eine Stadtbesichtigung lohnt sich!

Wer an der Untertrave parkt, kann dort vor oder nach der Brücke auf einem der vielen Parkplätze ein Tagesticket für 6 € (Stand:April 2014) ziehen und dann Lübeck einen ganzen Tag zu Fuß erkunden.

Boot an der Untertrave

Meine persönliche Stadtbesichtigung:

Eine liebe Freundin ist ein großer Buddenbrock-Fan und hat mich mit den Erzählungen über die Lübecker Kaufmannsfamilie "angesteckt". Zum Geburtstag bekam ich von meinem Mann das Buch von Thomas Mann "Die Buddenbrocks" geschenkt. Ich schaute mir dann auch noch den Film mit Armin Müller-Stahl und Iris Berben an und war nun gespannt auf die Räumlichkeiten, in denen der Film gedreht wurde.

Diese sind jedoch nicht - wie man vermutet - im Buddenbrockhaus in der Mengstraße (hier gibt es viele original erhaltene Dokumente), sondern im Drägermuseum zu sehen. Hier wurde der Film gedreht und man kann bereits beim Eintreten in das Museum die schöne Eingangshalle aus dem Film bewundern. Neben den Räumen - eingerichtet aus der Patriziazeit - können natürlich auch etliche Bilder bewundert werden.

Unser Tagesausflug führte uns morgens um 9 Uhr von Fehmarn nach Lübeck. Das Wetter spielte mit und es war ein herrlich blauer Himmel. Ein perfekter Tag zum Bummeln, für einen Museumsbesuch und zum Essen in einem der zahlreichen Restaurants. Je nachdem, wie man den Tag beginnen möchte, kann man im Wiener Caféhaus in der Breiten Str.64, Ecke Menüstraße (www.wiener cafehaus-lübeck.de) in der Fußgängerzone frühstücken.

Von dem Café aus kann man nur wenige Schritte weiter die Geschichte von Niederegger Marzipan erkunden. Unten kann man in Marzipan schwelgen und etliche Leckereien käuflich erwerben. Im ersten Stock gibt es ein Café mit Blick auf die Fußgängerzone (hier kann man auch frühstücken). Hinter dem Kuchentresen führt eine Tür hinauf in den 2. Stock.

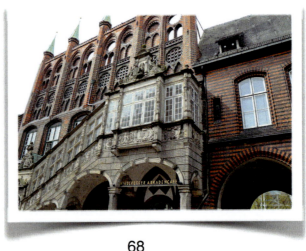

Hier wird die Geschichte von Niederegger anschaulich dargestellt, u.a. gibt es einen Film, wie Marzipan hergestellt wird. Lebensgroße Figuren aus Marzipan, z.B. von Thomas Mann oder Wolfgang Joop sind zu bewundern.

Interessant fand ich, dass das Gemisch aus Mandeln und Zucker (Marzipan) ehemals als Heilmittel angepriesen wurde.

Nach einem Museumsbesuch und einem Besuch bei Niederegger lohnt es sich durchaus, durch die große Fußgängerzone von Lübeck zu bummeln und das eine oder andere Schnäppchen zu erwerben.

Ein Besuch des Holstentores - dem Wahrzeichen von Lübeck - lohnt sich ebenso, wie die Besichtigung der St.Marienkirche mit dem schönen alten Kirchenschiff. Es gibt Führungen durch die Kirche nach vorheriger Anmeldung.(Tel. 0451/39 770-0). Die Marienkirche befindet sich auf dem höchsten Punkt der Lübecker Altstadtinsel und ist mit der Altstadt Lübecks ein Teil des Unesco-Weltkulturerbes.

Vom Bummeln müde, sollte man unbedingt im Miera einkehren. Dies ist ein Bistro/Café/Restaurant in der Hüxstraße 57 (www.miera-luebeck.de).

Natürlich gibt es in Lübeck auch viele andere Restaurants und Cafés, in die man unterwegs einkehren kann.

Auf dem Rückweg zum Parkplatz ging es über schöne Gassen, z.B. die Fischergrube - vorbei an architektonisch sehr schönen Häusern mit wunderschönen Giebeln und Ornamenten sowie Haustüren. Ein kurzer Blick in die kleinen verwunschenen Gänge neben den großen Haustüren zu wunderschönen Hinterhöfen lohnt sich. Oft muss man hier den Kopf einziehen, um in den schmalen Gang zu gelangen. Die Gänge mussten früher mindestens so breit sein, dass ein Sarg durch passte. Betritt man die Hinterhöfe, fühlt man sich in eine andere Zeit zurück versetzt. Die Häuser sind oft mit liebevollen Details und die Hinterhöfe mit vielen Blumen geschmückt, deren Beachtung lohnt.

Im mittelalterlichen Städtebau wuchs die Stadt. Aufgrund des Platzmangels brach man Gänge in die Vorderhäuser und bebaute die Hinterhöfe. Lübeck hat insgesamt 210 Brücken und wird - auch aufgrund der wunderschönen Altstadt - Klein Venedig genannt.

Zum Abschluss ging es noch in das Antiquariat an der Untertrave, das mit seinen vielen Fensterläden sicher einmal ein alter Speicher war. Von hier aus hat man einen schönen Blick auf die Boote auf der Untertrave und ein schönes Café.

Wer zwischendurch nicht im Restaurant Miera eingekehrt ist, kann nun hier im Garten des Miera in einer lauen Sommernacht herrlich dinieren.

Eine andere Möglichkeit des Abendessens ist das wunderbare Seefood-Barbecue im Margaretenhof in Neujellingsdorf auf Fehmarn. Voranmeldung ist empfehlenswert.

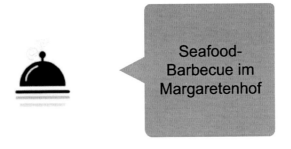

Nächster Tag: Donnerstag

Grüner Brink und Wallnau

Ein sehr gutes Frühstück à la carte gibt es im Hofcafé Lafrenz in Klausdorf. Hier kann man sich nach dem vorherigen Strandspaziergang am Klausdorfer Strand oder in Presen prima stärken.

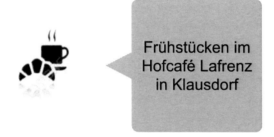

Frühstücken im Hofcafé Lafrenz in Klausdorf

Danach geht es zu einem Spaziergang durch das große Naturschutzgebiet „Grüner Brink". Dies liegt zwischen dem Gammendorfer Strand und Puttgarden. Der Badestrand „Grüner Brink" ist auf dem Weg von Puttgarden nach Gammendorf ausgeschildert.

Der Strand ist ein schöner Sandstrand mit Strandkiosk, Kinderspielplatz und Dünen.

Eine Alternative zum Strand ist ein Besuch im Wasservogelreservat Wallnau. Hier gibt es vom Naturschutzbund Nabu Führungen (vom 1. März bis

31. Oktober - täglich 11:00, 13:00 und 15:00 Uhr). Man kann das Gebiet auch allein erkunden. Für Kinder gibt es Spielstationen wie Summstein, Steinpendel, Balancierscheibe, Wasserstrudel und Dendrophon, interessante Führungen, Vogelstimmenwanderungen und ganz tolle geführte Abendwanderungen. Den Lehrpfad „Pfad der Sinne", sollte man mit geschlossenen Augen erkunden.

Eine ganz wunderbare Aussicht bietet der 10 Meter hohe Aussichtsturm auf dem ein Kilometer langen Weg durch ein kleines Wäldchen. Ebenso sollte man den Schilfpfad mit den kleinen Brücken nicht versäumen.

In den Beobachtungshütten muss man sich leise verhalten und durch die großen Schlitze ist das Vogelleben außerhalb der Hütten zu bewundern. Insgesamt wurden schon 270 Vogelarten in Wallnau gesehen. Hier werden selbst einfache Entenschwärme aufgrund der Vielzahl zu einem grandiosen Erlebnis. Die Ruhe in den Hütten und die verschiedenen Vogelstimmen außerhalb der Hütte macht den Besuch in Wallnau zu einem unvergesslichen Erlebnis.

Wer keine Lust auf Strand oder eine Wanderung hat, kann auch eine Kutterfahrt im Hafen machen oder sich ein kleines Boot mieten. Hierfür benötigt man keinen Führerschein. Man bekommt eine Einweisung und los geht es über das Meer. Dies ist ein Erlebnis für Groß und Klein. Ein Boot mieten kann man z.B. bei Neumann Boote in Burgstaaken neben der Surfschule Charchulla oder bei der Bootsvermietung Sanner in Burgtiefe.

Auch einen Jetskiverleih gibt es, z.B. bei Sanner. http://www.fehmarn-boote.de/ 0177 2468437 oder beim Jetskiverleih Landkirchen.

Das Abendessen kann man dann z.B. im Steakhus in Landkirchen, im Steak- und Fischhus in Burg oder in einem der anderen Restaurants in Burg genießen.

Nächster Tag: Freitag

Ausflug nach Heiligenhafen

Heiligenhafen bietet einen wunderbaren feinen weißen Sandstrand, eine tolle Seebrücke, eine kleine Innenstadt zum Bummeln, einen Hafen, eine Fischhalle mit frischem Fisch, das wunderbare Naturschutzgebiet Graswarder und ein tolles Café/ Bistro direkt am Strand.

Frühstück kann man bei der Bäckerei auf der Seebrücke in Heiligenhafen einnehmen. Buffet gibt es im Café Schwartz, Steinwarder 39 in Heiligenhafen.

Über die Fehmarn-Sund-Brücke geht es nach Heiligenhafen. Die Abfahrt von der Autobahn ist ausgeschildert. Nach ca. 20 Minuten kommt man in der Innenstadt an. Von der Innenstadt geht es am Hafen vorbei und gleich hinter dem Hafen biegt man rechts ab Richtung Steinwarder. Hier gibt es einen großen Parkplatz. Von dort gelangt man auf die Seebrücke rechter Hand nach Graswarder.

Unterwegs nach Graswarder bietet sich dem Betrachter ein herrlicher Blick über den Hafen und links auf die Dünen. Geht man hier auf den Strandzugängen über die Dünen, hat man einen herrlichen Blick auf die Fehmarn-Sund-Brücke. Der Strand ist hier ein breiter weiter Sandstrand.

Graswarder ist nicht nur ganz ein wunderbares Naturschutzgebiet zum Wandern. Es gibt auch einzelne architektonisch interessant gestaltete Häuser. Diesen Landstreifen und die Häuser kann man von der Autobahn sehen, wenn man an Heiligenhafen vorbeifährt.

Ein Spaziergang nach Graswarder mit Ausruhen am Strand ist einmalig erholsam.

Bei der Rückkehr sollte man nicht versäumen, die lang ins Meer hineinragende Seebrücke hinunter zu laufen. Am Ende stehen große Holzliegen mit einer herrlichen Sicht über das Meer.

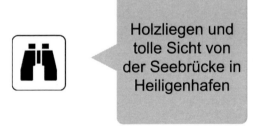

Holzliegen und tolle Sicht von der Seebrücke in Heiligenhafen

Danach geht es zum Shoppen in die Innenstadt. Heiligenhafen bietet viele kleine und große Geschäfte. Nach der Shoppingtour geht es zu dem

Restaurant „Alter Salzspeicher", einem Steak- und Pfannkuchenhaus, oder zu einem Fischgericht oder Fischbrötchen in den Hafen. Sehr leckere Fish- and Chips gibt es auch in dem Fisch-Wagen, der entweder auf der Seebrücke oder auf dem Weg zum Ende des Hafengebietes steht.

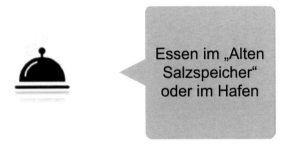

Essen im „Alten Salzspeicher" oder im Hafen

Abends kann man in den warmen Sommermonaten zu einem Cocktail in die „Ostseelounge" unterhalb der Seebrücke einkehren.

Meine Lieblings-Strandbar ist das „Sunset". Hier sitzt man draußen und bei kühlem Wetter innen zu wunderbarer chill-out-Musik direkt am Strand. Sowohl von der Terrasse als auch durch die großen Glasscheiben hat man einen wunderbaren Blick über das weite Meer. Neben dem Getränkeangebot gibt es auch Kleinigkeiten zu essen in der Strandbar.

Das Sunset erreicht man, indem man im Hafen rechts abbiegt und immer geradeaus fährt. Die

Straße endet in einer Sackgasse auf einem Parkplatz. Von dort läuft man über eine große Wiese Richtung Strand. Am blauen Haus der DLRG biegt man links ab und geht entweder den Weg hinter den Dünen oder direkt am Strand entlang. Nach wenigen Metern kann man das Sunset bereits sehen.

Abends zu einem Cocktail in die Strandbar „Sunset"

Zurück geht es dann wieder über die Fehmarn-Sund-Brücke auf die Sonneninsel.

Nächster Tag: Samstag

Flug über Fehmarn

Am Samstag geht es zum Frühstück in das Café am Hafen im Yachthafen Orth mit Blick auf die Segelboote oder in das Restaurant Windrose im Vitarium auf der Südstrandpromenade

Danach lädt der Südstrand zu einem langen Strandspaziergang vor der Abreise ein.

Wer noch nicht nach Hause fährt, kann entweder die Mühle in Lemkenhafen besichtigen oder einen Flug über Fehmarn buchen. Der kleinste Flughafen Deutschlands befindet sich in Neujellingsdorf. Die Flugsicherung erfolgt aus dem Strandkorb heraus.

Ein Flug über die Insel gehört sicher zu den schönsten Urlaubserinnerungen und Erlebnissen. Es ist einmalig, die schöne Sonneninsel Fehmarn aus der Luft zu erleben. Es sind Eindrücke, die man nie vergisst. Flugkapitän Klaus Skerra und seine beiden Kinder fliegen seit Jahren mit den kleinen Flugzeugen über die Insel. Man sollte dieses Erlebnis am letzten Urlaubstag nicht versäumen.

Ein Tagesausflug nach Eutin/Der Bungsberg

Wer im Frühjahr oder Sommer länger auf Fehmarn bleibt, sollte einen Ausflug nach Eutin nicht versäumen. Der Weg von Fehmarn nach Eutin führt durch die Holsteinische Schweiz. Diese Landschaft ist einmalig schön. Es geht auf hügeligen Landstraßen bergauf und bergab - immer mit einem wundervollen Blick über die Felder und im Mai/Juni über die gelben Rapsfelder,

Das Gelb der Rapsfelder wirkt durch den blauen Himmel, die grünen Felder und Bäume und die Sonne wunderbar intensiv.

Wer nicht auf Fehmarn gefrühstückt hat, kann im Stadtcafé auf dem Marktplatz in Eutin frühstücken.

Hier gibt es auch nachmittags sehr leckeren Kuchen.

Danach sollte man eine Besichtigung des Schlosses nicht versäumen. Mit einem Audioguide geht es mit Kopfhörern und Erklärungen durch die einzelnen Räume des Schlosses. Anschließend lädt der Schlosspark zu einem Spaziergang ein.

> Schloßbesichtigung und Picknick/ Sparziergang im Schloßpark von Eutin

Wer mag, kann dann eine Bootstour auf dem Eutiner See buchen oder durch die kleinen Gassen dieser hübschen Stadt bummeln.

Zurück geht es dann Richtung Schönwalde am Bungsberg und hinauf den Bungsberg. Oben auf dem Berg gibt es einen großen Aussichtsturm. Der beschwerliche Aufstieg durch das fast fensterlose Innere lohnt sich wirklich. Oben angekommen, wird man mit einem sensationellen Blick belohnt.

> Auf den Aussichtsturm vom Bungsberg steigen und die Aussicht genießen

Veranstaltungen im Sommer

Natürlich gibt es im Sommer auch jede Menge Veranstaltungen auf Fehmarn. Angefangen mit dem Rapsblütenfest im Mai, geht es weiter mit den Surf- und Sup-Opening.

Im Juni folgt der Fehmarn Marathon und das Somersby.Midsummer-Bulli-Festival sowie das Pferdefestival.

Im Juli gibt es das Hafenfest, das Weinfest und das Künstlerfest, die Kitesurf Masters und nicht zu vergessen: Fehmarn sucht den Inselstar.

Im August finden außer dem Surf-Word-Cup und dem Mittelaltermarkt natürlich die Fehmarn Days of American Bikes statt.

Ganz wunderbar ist auch das große Oldtimertreffen im September auf dem Burger Marktplatz sowie die Meisterschaften im Speedsurfen.

Ein Wochenende im Herbst

Herbst auf Fehmarn

*Im Herbste sieht man als Opalen
der Bäume bunte Blätter strahlen.*

 Ankunft: Freitag Abend

Essen in einem der Restaurants in Burg, z.B. bei Netti`s in der Süderstraße oder dem Fisch- und Steakhus, Störtebecker oder Pfannkuchenhaus in Burg. Den Abend kann man dann in der Cocktailbar Frau Schmidt in Burg mit Blick über die Burger Altstadt beschließen.

Cocktail bei Frau Schmidt in der Burger Altstadt

Danach geht es in die Ferienunterkunft.

Wer keine Lust auf essen gehen hat, kann auch bei Flying Burger einen leckeren Burger - auch vegetarische - bestellen und einen Salat dazu.

Im Herbst kann man an warmen Tagen noch sehr im Hofcafé Albertsdorf oder in der Kleinen Kaffeestube in Petersdorf frühstücken. Beide haben Außenplätze.

Bei einem anschließenden Strandspaziergang in Westermarkelsdorf kann man sich ganz wunderbar erholen.

An warmen Tagen kann man hier noch schön in den Dünen sitzen oder auf den Bänken, die gleich vorn am Parkplatz stehen. Ein Rundgang auf dem Deich entlang Richtung Leuchtturm und zurück am Strand ist einfach herrlich und Urlaub für die Seele.

Am Herbstanfang haben noch einige Cafés geöffnet, die zum Ende der Saison schließen. Je nach Jahreszeit, kann man nach dem Strandspaziergang im Café Sorgenfrei am Südstrand einkehren. Brunch am Wochenende sollte man vorab am besten telefonisch erfragen.

Ein Stadtbummel durch Burg ist immer eine Freude und bei einem Kaffe oder Tee kann man die freie Zeit bestens genießen.

Leckeren Kuchen gibt es in einem der Hofcafés oder auch im Teekontor in Burg. Wer auf dem großen Parkplatz an der Schule parkt und durch die Gasse gegenüber Richtung Innenstadt läuft, kommt direkt am Teekontor vorbei. Hier sitzt man wunderbar in Ledersesseln und kann nach dem Besuch den Tee oder Kaffee für zu Hause mitnehmen.

Die beste Aussicht über die Hauptstraße in Burg bietet u.a. das Café „Frau Schmidt". Hier kann man im Herbst auch frühstücken.

Nachmittags empfiehlt sich ein Besuch der Strandsauna auf dem Campingplatz in Wallnau mit einem anschließenden Bad im Meer. Vorsicht: Badeschuhe nicht vergessen. Der Strand ist ein Naturstrand und auch im Wasser sind Steine. Von der Sauna aus hat man Meerblick. Eine weitere Sauna mit Meerblick gibt es auch im FehMare am Südstrand.

Der Herbst bietet sich für Sport jeglicher Art an. Joggen und Nordic Walking gehören sicher dazu. Für ganz Mutige gibt es das Silo-Climbing im Hafen Burgstaaken oder den Hochseilgarten in Meeschendorf.

Reiten auf Fehmarn

Reitbegeisterte können durch Reservierung vorab einen Ausritt zum Strand buchen. Hier gibt es diverse Anbieter auf der Insel. Persönlich habe ich einen solchen Strandausritt bei dem Gestüt Rüder im Herbst 2014 gebucht.

Mein Erfahrungsbericht über einen Ausritt am Strand und das Fehmarn-Pferdefestival:

Viele Hunde begleiten Ihre Menschen zusammen mit deren Pferden. Unser pfiffiger Beagle durfte in jüngeren Jahren auch mit zum Reiten. Das ging so lange gut, bis er eine Spur in der Nase hatte - und weg war er. Ich musste dann oft eine Stunde warten, bis er wieder aus dem Wald auftauchte. Aus

Gründen, die ich in meinem Buch „Die Beagle-GmbH - Ein Hundeleben mit beschränkter Haftung" beschrieben habe, durfte Beagle Barney später dann nicht mehr mit am Pferd laufen. Heute begleiten mich daher unsere beiden Magyar-Vizsla Carlos und Marie bei meinen fast täglichen Ausritten.

Natürlich war ich neugierig, was die schöne Sonneninsel Fehmarn hinsichtlich Pferd und Reiter zu bieten hatte.

Im Sommer 2014 besuchte ich das Fehmarn Pferdefestival in Burg. Dies ist eine jährliche Attraktion für Groß und Klein. Es gab viele wunderschöne Pferde und Reiter zu sehen, die sich Plätze im Dressurreiten und Springen eroberten. Tauziehen, Ringreiten und ein Hunderennen rundeten das Festival ab. Es war wunderschönes Wetter und die Zuschauer konnten auf der Tribüne, im Gras oder in Strandkörben den Reitern zusehen. Das Fehmarn Pferdefestival findet jedes Jahr statt - wir kommen wieder!

Im Zuge meiner Recherche über „Fehmarn mit Pferd" stieß ich auf ein Video bei youtube. Hier wurde über ein Großfeuer berichtet, das am 02.10.2008 den Reiterhof Witt vernichtet hat. Der Reiterhof Witt liegt mitten in der Innenstadt von Burg - es waren also nicht nur Tiere und Menschen von dem Hof gefährdet, sondern auch die umliegenden

Häuser mit Ihren Bewohnern. Viele Menschen aus der Umgebung und auf dem Hof erlitten Rauchgasvergiftungen. Insgesamt wurden 21 Personen verletzt.

Netti`s Restaurant liegt schräg gegenüber von dem Reiterhof und war ebenso betroffen, wie alle anderen anliegenden Bewohner. Netti berichtete mir zu dieser Nacht, dass die Pferde in Panik die Süderstraße hinabliefen. Es konnten damals 29 Pferde gerettet werden; ein Pferd kam in den Flammen um. Auf dem Reiterhof Witt werden heute wieder Pferde gehalten.

Immer wieder sah ich auf den Feldern Reiter mit ihren Pferden galoppieren. Oft liefen ein oder mehrere Hunde am Pferd mit. Erkundigungen über einen Ausritt am Strand waren schnell eingeholt. Hierzu brauchte ich nur die überall aushängende Werbung auf Fehmarn über Strandausritte zu beachten.

Genaueres konnte ich auf der Internetseite: http://www.reiten-auf-fehmarn.de erfahren. Hier waren alle Reiterhöfe einzeln aufgelistet.

Wer also mit seinem Pferd einen Urlaub plant, erfährt auf dieser Internetseite, welcher Hof Gastboxen für das Pferd und Ferienwohnungen für die Begleitung anbietet.

Ich war neugierig auf einen Strandausritt und buchte diesen im Herbst auf dem Gestüt Rüder in Blieschendorf.

Bei Ankunft auf dem Hof bekam jeder Reiter ein entsprechendes Pferd zugeteilt. Jede Reiterin sattelte ihr Pferd selbst und konnte in der großen, hellen Reithalle das Zusammenspiel zwischen Reiter und Pferd zunächst kurz testen. Ich hatte „Captain" zugewiesen bekommen - einen großen und wunderschönen Hannoveraner. Kim, die Besitzerin erklärte mir, dass Captain sehr gut ausgebildet war. Ich brauchte also keine Angst zu haben.

An einem wunderbaren sonnigen Herbstmorgen ging es mit fünf Reiterinnen zu einem Ausritt an den Strand. Nadja führte die Gruppe an. Nach einem kurzen Ritt durch das Dorf, kamen wir auf einem Feldweg an. Was für eine großartige weite Landschaft.

Der Himmel strahlte blau über die grünen Felder und schon von weitem konnte man die Fehmarn-Sund-Brücke erkennen. Fröhlich schnatternd im Gänsemarsch ritten wir bis nach Wulfen. Die Hufe klapperten auf den Straßen durch das morgendlich ruhige Wulfen. Ich genoss dieses mir wohlbekannte Geräusch und die Sonne dazu im Gesicht. Nach wenigen Metern bogen wir auf einen Trampelpfad ab, der zum Strand führte. Nadja berichtete von der schönen großen Kiesgrube, die es für die Reiter auf Fehmarn gegeben hatte. Leider war diese kurz zuvor im Jahr 2014 gesperrt worden. Wie schade - ich hätte sie gern gesehen.

Nadja gab das Kommando zum Traben und alle fielen in einen leichten Trab. Es ging Richtung Strand. Wulfen ist etwas hügelig, so dass wir zunächst in eine Senke ritten und wenig später bergauf. Das Landschaftsbild, welches sich uns dann eröffnete, war einfach großartig. Der Blick über die großen Felder und dahinter das weite Meer - wo gibt es so etwas sonst?

Es war ruhiger unter den Reiterinnen geworden. Jeder war beeindruckt von diesem herrlichen Ritt in solch einer schönen Landschaft. Auf einem schmalen Pfad zwischen dem Feld und dem Strand gingen die Pferde hintereinander her zum Strand.

Auf einem Pferd am Meer - was für ein wunderbares Erlebnis. Die Hufe stapfen durch den Sand, man sieht die heran nahenden Wellen und spürt den Wind und die salzhaltige Luft im Gesicht. Einfach wunderbar! Ganz großartig war auch die Sicht über den Strand und das Wasser auf die Fehmarn-Sund-Brücke.

Wir ritten am Strand entlang. Weiter ging es über eine große Wiese zwischen dem Campingplatz Miramar und dem Fehmarn-Sund-Strand Richtung

Adendorf und weiter nach Blieschendorf. Vorbei an großen Feldern ging es zurück zu Hof.

Es war ein aufregendes Erlebnis, dass mich immer an einen wunderschönen Tag auf Fehmarn erinnern wird.

Wer keinen Sport betreiben möchte, kann auch ein Picknick auf dem Küstenweg von Staberhuk machen. Von dem Parkplatz vor der Marinestation mit den Antennen läuft man ein paar Schritte auf dem Küstenweg entlang. Hier sind dann einige Bäume, unter denen es sich herrlich sitzen lässt. Von hier oben hat man einen wunderbaren Blick über das Meer. Picknickdecke und warme Jacke nicht vergessen. Der Boden ist schon etwas kühl.

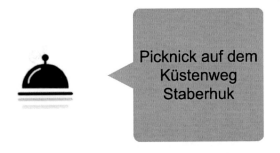

Picknick auf dem Küstenweg Staberhuk

Picknickkörbe gibt es fertig erstellt vom Restaurant Margarethenhof in Neujellingsdorf. Ansonsten bietet die Schlachterei Utecht in Landkirchen gebratene Hähnchenkeulen und Frikadellen an. Oft steht auch ein Hähnchenwagen auf dem Parkplatz vom Edeka-Markt. Fertige Sandwiches gibt es auch im Supermarkt. Kuchen gibt es bei den örtlichen Bäckereien, im Hofcafé Albertsdorf oder Lafrenz.

Nächster Tag: Sonntag

Gammendorf/Niobe-Denkmal

Am Sonntag geht es zum Frühstück zum Pier 37. An kühlen Tagen lodert hier bereits ein Feuer im Kamin und es lässt sich ganz gemütlich sitzen. Alternativ kann man auch in der Windrose im Vitarium am Südstrand mit Meerblick frühstücken.

Danach geht es an den Strand von Gammendorf und zur Besichtigung des Niobe-Denkmals. Allein diese Weite, dieser Blick! Den Strand betritt man durch ein kleines Wäldchen über den Deich hinweg und kann die Augen schweifen lassen. Rechter Hand ragt das Niobe-Denkmal in den Himmel, welches in fünf Minuten Fußweg über den Deich oder am Strand entlang erreicht wird.

Das Niobe-Denkmal

Am 26. Juli 1932 gab es im Fehmarnbelt ein großes Schiffsunglück: In einer Gewitterböe kenterte das Segelschulschiff Niobe und sank in wenigen Minuten.

Dabei starben 69 Menschen, 40 konnten gerettet werden. Der Kommandant der Niobe, Kapitänleutnant Heinrich Ruhfus, überlebte das Unglück. Er wurde später wegen Fahrlässigkeit angeklagt, aber vom Kriegsgericht freigesprochen.

An dieses Unglück erinnert das Niobe-Denkmal am Gammendorfer Strand. Die Inschrift auf der Tafel lautet:

„Am 26. Juli 1932 verunglückte 8000 m von hier das Segelschulschiff Niobe. 69 Offiziere und Mannschaften erlitten den Tod für das Vaterland. In treuem Gedenken wurde der Grundstein am 26.7.1933, das Denkmal am 15.10.1933 feierlich enthüllt. Es ist nicht nötig, daß ich lebe, wohl aber, daß ich meine Pflicht tue."

Kurz nach dem Niobe-Denkmal weist ein Schild darauf hin, dass nun das Naturschutzgebiet „Grüner Brink" beginnt.

Am Strand von Gammendorf und im angrenzenden Naturschutzgebiet „Grüner Brink" kann man ganz wunderbar lange Spaziergänge unternehmen.

Vor der Abreise sollte man ab 14 Uhr die Teatime im Margaretenhof in Neujellingsdorf nicht versäumen. An schönen Tagen sitzt man hier noch draußen zwischen den blühenden Rosen. Der Garten erinnert ein wenig an Cornwall/Südengland und bildet somit den perfekten Rahmen für die Teatime. Die Heimfahrt fällt mit einer solch schönen Erinnerung nicht schwer.

Zusammenfassung Herbst-Wochenende

- Abendessen in Burg,
- danach Cocktailbar Frau Schmidt oder Kino
- Frühstück im Hofcafé Albertsdorf oder in der Kleinen Kaffeestube in Petersdorf
- Strandspaziergang
- Bummel durch Burg oder
- Strandsauna in Wallnau oder
- Ausritt am Strand oder Silo-Climbing im Hafen
- Picknick an der Küste von Staberhuk
- Frühstück im Pier 37 oder Restaurant Windrose
-Strandspaziergang in Gammendorf/Niobe-Denkmal oder durch das Naturschutzgebiet Grüner Brink
- Teatime im Margaretenhof"

Ein Wochenende im Winter

Im Winter schmückt ein Schein, wie Diamant
Und reines Silber, Fluth und Land.
Ja kurz, wenn wir die Welt aufmerksam sehn,
ist sie zu allen Zeiten schön.
Barthold Hinrich Brockes, 1680-1747

Winter auf Fehmarn

Ankunft: Freitag Abend:

Abendessen in einem der Restaurants in Burg, z.B. bei Störtebecker, bei Netti's, beim Fisch- und Steakhus oder bei einem der anderen Restaurants.

Nächster Tag: Samstag

Der Tag startet mit einem Frühstück à la carte im Hofcafé Lafrenz in Klausdorf. Ein wunderbares Frühstücksbuffet gibt es alternativ auch im Lindenhof in Sulsdorf, bei Frau Schmidt oder im Pier 37 in Burg.

Am nächsten Morgen empfiehlt sich ein schöner Strandspaziergang in Katharinenhof. Hier ist es bei dem oft kalten Wind im Winter ganz herrlich windgeschützt. Oberhalb des Strandes lädt eine Bank dazu ein, den Blick über das Meer zu genießen. Rechter Hand hat der Strand viele Steine. Nach einem Sturm findet man hier oft Seesterne.

Linker Hand kann man auf dem Sandstrand mit einigen Steinen wunderbar bis zu dem Campingplatz laufen und über den Campingplatz zurück.

Danach sollte man es sich nicht entgehen lassen, einen Wellnesstag im FehMare mit Massage und Sauna zu buchen.

Im FehMare am Südstrand gibt es ein Wellenschwimmbad.

Wer nicht schwimmen möchte, kann am Schwimmbad vorbei gehen. Eine Treppe höher erwartet jeden Besucher eine wunderbare Saunalandschaft mit verschiedenen Saunen. Auch ein Dampfbad ist dabei. Eine weitere Treppe höher befindet man sich auf dem Dach des FehMare.

Hier gibt es eine weitere Sauna mit einem großen Fenster und einem wirklich tollen Blick über die Strandpromenade und das Meer. Auf dem Dach stehen Ruheliegen. Man hat von dort einen sehr schönen Blick bis nach Heiligenhafen.

Das schönste ist allerdings der große Ruheraum mit der großen Panoramascheibe. Hier stehen alle Ruheliegen Richtung Meer. In der Mitte vor der großen Scheibe befindet sich ein Gaskamin. Es ist einfach wunderbar erholsam, auf einer der Liegen zu ruhen, den Blick über das Meer schweifen zu lassen, den Flammen im Gaskamin zuzusehen und der leisen Musik zu lauschen. Mehr Entspannung ist nicht möglich!

Den wunderbaren Tag beschließt man dann in Netti`s Restaurant in der Süderstraße in Burg. Gerade in den Wintermonaten schmeckt die Ente mit Rotkohl und Klößen besonders gut. Die Ente gibt es hier allerdings das ganze Jahr über. Auch die anderen Gerichte kann ich nur empfehlen. Egal, ob Schnitzel, Pasta oder Fischteller - alles ist sehr schmackhaft und gut. Das Restaurant ist schön gemütlich eingerichtet und die Bedienung sehr nett.

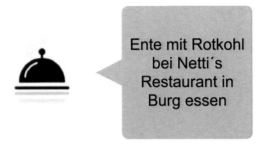

Ente mit Rotkohl bei Netti´s Restaurant in Burg essen

Je nach Kino-Programm bietet sich danach ein Kinobesuch in dem Bedien-Kino mitten in Burg an, oder ein Besuch der Cocktailbar Frau Schmidt in Burg. Schöner lässt sich ein Tag kaum beenden.

Nächster Tag: Sonntag

Der Sonntag startet mit einem gemütlichen Frühstück in der Kleinen Kaffeestube in Petersdorf. Alternativ gibt es auch Frühstück im Café Liebevoll, Wisser's Hotel oder im Stadtcafé in Burg.

Danach ist ein Strandspaziergang am Strand von Westermarkelsdorf oder Bojendorf ganz wunderbar. Wer im Café Lafrenz gefrühstückt hat, sollte im Winter einmal an den Strand von Marienleuchte fahren und von dort nach Klausdorf und weiter nach Presen laufen.

Auch in Gold ist es im Winter wunderschön. Hier kann man auf dem großen Parkplatz parken und dann am Strand links auf den Deich laufen. Von hier hat man einen herrlichen Blick über die Felder. Folgt man dem Weg, kommt man irgendwann zur Fehmarn-Sund-Brücke.

Ausruhen kann man nach diesem Spaziergang bei Sonnenschein am Südstrand auf den windgeschützten und überdachten Bänken vor dem Vitarium. Einen heißen Kaffee oder Tee zum Mitnehmen gibt es in der Windrose im Vitarium.

Mit den letzten warmen Sonnenstrahlen an einem Wintertag geht es nach einem herrlichen Wochenende dann nach Hause. Fehmarn ist im Winter so wunderbar ruhig und erholsam.

Zusammenfassung Winter-Wochenende

- Abendessen in Burg
- Frühstück im Hofcafé Lafrenz oder Landgut-Hotel Lindenhof
- Strandspaziergang
- Wellness im FehMare
- Abendessen in Netti`s Restaurant, Burg
- Frühstück in der Kleinen Kaffeestube, Petersdorf
- Strandspaziergang in Westermarkelsdorf, Gold oder Katharinenhof
- Ausruhen auf den Bänken vor dem Marché am Südstrand
- Kaffee trinken im Restaurant „Windrose"

Gern mal Bio

Wer gern selbst in der Ferienwohnung kocht oder sich mit Bioprodukten ernährt, findet natürlich eine Auswahl auf der Insel.

Es gibt den Naturkostladen „Topi" in Burg, Osterstrasse 11, der auch von der Straße Am Markt 25 zu erreichen ist.

Weitere Bioprodukte u.a. Eier von glücklichen Hühnern, Getreideprodukte, Honig und vieles mehr erhält man im Hofladen des Biohofes Natur Homes der Familie Albert in Ostermarkelsdorf. Der Hof liegt gleich rechts am Ortseingang.

Fehmarn für zu Hause

Wer im Hafen ein Andenken kauft, kann auch gleich frischen Fisch vom Kutter mitnehmen und diesen in der Ferienwohnung zubereiten. Nachstehend einige Fischrezepte zum Nachkochen in den Ferien oder für zu Hause:

Rezept für Häckerle mit Matjes und Roter Beete

1 Packung Heringsfilets (4 Stück)
1 Packung Rote Beete (vorgekocht, 4 Stück)
1 Zwiebel
2-3 Gewürzgurken
1-2 hartgekochte Eier
Salz
Pfeffer
Zucker
4-5 EL Essig
2-3 EL Sonnenblumenöl
evtl. etwas Dill

Alle Zutaten sehr klein würfeln und mit einer Marinade aus Essig und Öl vermischen. Mit Salz, Pfeffer und einer Prise Zucker abschmecken. Evtl. mit etwas gehacktem Dill bestreuen. Schmeckt gut auf Bauernbrot oder zu Pellkartoffeln.

Rezept für Seelachs mit Rosmarinkartoffeln

Für 2 Personen:
300 g Kartoffeln
4 Zweige Rosmarin
Meersalz, geschroteter Pfeffer
3 Eßlöffel Olivenöl
4 Eßlöffel Wasser

Kartoffeln waschen, in Spalten schneiden und in eine Auflaufform legen. Die Rosmarinnadeln von den Zweigen lösen und zusammen mit Olivenöl, Wasser, Salz und Pfeffer zu einer Soße vermischen. Mit der Soße die Kartoffeln beträufeln und bei 180 Grad im Ofen 1 Stunde goldbraun backen.

Während die Kartoffeln backen:
Frisches Seelachsfilet
Saft und abgeriebene Schale einer Biozitrone
Thymian (am besten frisch)
Meersalz, geschroteter Pfeffer

Fischfilet abspülen und trockentupfen. Das Fischfilet mit etwas Zitronensaft beträufeln und mit der geriebenen Schale einreiben. Anschließend mit Salz und Pfeffer würzen und mit ein bis zwei Zweigen Thymian belegt in Alufolie verpacken. Die Päckchen auf dem Grill ca. 30 Minuten garen (ersatzweise im Ofen bei 180 Grad).

Dorschfilet mit grünen Bohnen

Für 2 Personen:
2 - 3 Dorschfilets
400 g Grüne Bohnen (frisch oder tiefgefroren)
1 Packung Sauce Hollandaise
Meersalz, geschroteter Pfeffer
300 g Kartoffeln oder 1 Tasse Reis

Fischfilet abwaschen und trockentupfen. Das Fischfilet etwas salzen und pfeffern und in eine Auflaufform legen. Grüne Bohnen abspülen, putzen und über das Fischfilet geben. (Tiefgefrorene Bohnen im warmen Wasser ca. 10 Minuten auftauen lassen.). Sauce Hollandaise, z.B. von Thommy, über die Bohnen geben. Den Auflauf bei 180 Grad ca. 25 Minuten im Ofen überbacken. Dazu passt Reis oder Salzkartoffeln.

Guten Appetit!

Schöne Aussichten/Ausflüge

 Nachstehend sind noch einmal die schönsten Aussichtspunkte und Ausflüge zusammengefasst:

- Der Flügger Leuchtturm
- Der Aussichtsturm im Vogelschutzgebiet Wallnau
- Die Vogelschutzhütten in Wallnau
- Das Feldsofa am kleinen weißen Leuchtturm von Strukkamp
- Die Fehmarn-Sund-Brücke
- Der Küstenpfad am Strand von Staberhuk
- Der Küstenpfad am Strand von Gold
- Der Rundweg im Naturschutzgebiet Grüner Brink
- Der Rundweg am Strand von Westermarkelsdorf
- Die Terrasse der Bar „Brandung" im FehMare
- Die Ruheliegen im Saunabereich des FehMare
- Die Bänke vor dem FehMare und dem Marché
- Das Café Sorgenfrei im Hafen Burgtiefe
- Die Terrasse des Restaurant Waldpavillion in Katharinenhof
- Restaurants und Cafés im Orther Hafen
- Ein Flug über Fehmarn
- Die Seebrücke in Heiligenhafen
- Der Aussichtsturm auf dem Bungsberg
- Fahrt nach Eutin zum Schloss und durch die Holsteinische Schweiz
- Ein Ausflug nach Lübeck

Bei schlechtem Wetter/Besichtigungen

Fehmarn hat natürlich auch einiges an Besichtigungen zu bieten. Je nach Jahreszeit, kann man die Schmetterlingsfarm oder die **Galileo Wissenswelt**, die direkt daneben liegt, besichtigen.

In der **Schmetterlingsfarm** gibt es viele wunderschöne umherfliegende Schmetterlinge zu bestaunen. In der Galileo Wissenswelt wird vieles für Kinder erklärt und ist zum Mitmachen.

Auch das **U-Boot** im Hafen Burgstaaken und der **Seenotretter** laden zu einer Besichtigung ein.

Das **Meereszentrum** und das **Heimatmuseum** in Burg sind ganzjährig geöffnet.

Bei schlechtem Wetter lädt das **Wellenbad** und die **Saunalandschaft** im FehMare am Südstrand zu einem Besuch oder einer **Wellnessbehandlung** ein. Massagetermine sollte man im voraus buchen.

Yoga für Urlauber gibt es bei Marlene Albert, Ostermarkelsdorf 2, Fehmarn.

Malkurse für interessierte Erwachsene werden auf Fehmarn angeboten und **Bernsteinschleifen** ist nicht nur etwas für Kinder.

Sport und Wellness/Unternehmungen

- Yoga
- Hochseeangeln
- Reiten
- Golfen
- Minigolf
- SUP
- Kiten
- Surfen
- Segeln
- Hochseeangeln
- Kutterfahrt
- Motorboot mieten

Für Kids/Sonstiges

- Bernsteinschleifen
- Pony-Führerschein
- Malkurse
- Adventure Minigolf
- Funtasia Minigolf Indoor
- Indoorspielplatz
- Silo-Climbing
- Kartbahn
- Hochseilgarten
- Soccergolf (Fußballgolf)

Bernsteinschleifen kann man am Burger Marktplatz. Hierbei werden unter fachkundiger Anleitung kleine und große Gäste aus einem rohen Bernstein ein eigenes Schmuckstück anfertigen. Ich habe dies natürlich ausprobiert und kann sagen, es ist nicht einfach. Man muss ganz schön schleifen und polieren, um den Stein schön glänzend zu bekommen. Danach kann man sich verschiedene Fassungen aussuchen und den Bernstein z.B. als Kette sehr gut zur Geltung bringen. Es ist ein wunderbares Mitbringsel aus dem Urlaub und immer eine schöne Erinnerung.

Das Silo-Climbing (http://www.siloclimbing.com/) ist sicher etwas für jung und alt. Die Kletterausrüstung kann man leihen und ab einer Körpergröße von 1,10 Metern geht es auf die 14 Kletterrouten an den Außenwänden des Silos im Hafen Burgstaaken. Die höchste Kletterpartie (Toprope) ist 40 Meter hoch und somit die höchste gesicherte Toprope in ganz Europa.

Die Adventure Minigolfanlage in Meeschendorf hat 18 verrückte Hindernisse, die richtig Spaß machen. Egal, ob man den Ball über die Fehmarn-Sund-Brücke spielt oder von einem Surfbrett einlocht - gute Laune gibt es hierbei gratis dazu.

Seit Juni 2015 gibt es neben dem Galileo direkt am Ortseingang von Burg eine Anlage für Soccergolf - auch Fußballgolf genannt.

Soccergolf wird mit einem Fußball gespielt. Dieser wird mit so wenig Schüssen wie möglich in ein Ziel gespielt. Bei den Zielen kann es sich um den Kofferraum eines Autos oder große Treckerreifen und ähnliches handeln. Üblicherweise sind 18 Bahnen zu spielen.

Beim Reiten für Kids gibt es auf der Insel diverse Angebote (s.auch www.reiten-auf-fehmarn.de).
In Wallnau kann man z.B. ab 8 Jahren die Prüfung „Wallnauer Pony Pass" ablegen (http://www.reiten-auf-fehmarn.eu/).

Den Ponyführerschein kann man auf dem Ferienhof von Marion Ogriseck in Bannesdorf machen (http://www.ogriseck-fehmarn.de/).

Einige Adressen sind am Ende des Buches aufgeführt. Weitere Telefonnummern finden Sie unter http://fehmarn.de.

Fischbrötchen

Natürlich gibt es auch Fischbrötchen auf Fehmarn. Welche Ihnen schmecken, probieren Sie am besten selbst aus. Fischbrötchen gibt es:

- in der Aalkate in Lemkenhafen

- in der Fischereigenossenschaft im Hafen Burgstaaken

- in Burg beim „Krabbenfischer"

- Hafenimbiss „Kap Orth" im Hafen von Orth

- FF Grell in Burg und Fährhafen Puttgarden

- Böhrk, Staakensweg 96 (auf dem Weg zum Hafen Burgstaaken auf der linken Seite)

- im Fischbrötchenwagen am Südstrand neben dem kleinen Supermarkt und der Quarkerine

- in der Beach-Bar auf der Strandpromenade am Südstrand

Veranstaltungen

Januar: Anbaden am 1. Sonntag des Jahres in Burgtiefe mit Musik und Glühwein

Februar: Inselkarneval Burger Marktplatz

April: Oster- und Maifeuer

Mai: Surf- und SUP-Opening/Surffestival
Kunsthandwerkermarkt in Burg
Rapsblütenfest
Drachenbootfestival

Juni: Fehmarn Marathon
Midnigthsummer/Bullifestival
Pferdefestival

Juli: Kitesurf-Masters
Hafenfest
Künstlerfest
Weinfest
Fehmarn sucht den Inselstar

August: Surf-Word-Cup
Mittelaltermarkt Burger Marktplatz
Beach-Sport/Basketballturnier
Fehmarn Days of American Bikes

September: Fehmarn Lauf
Meisterschaften im Speedsurfen
Oldtimertreffen

Oktober: Kreativmarkt
Oktoberfest
Drachenfestival

Dezember: Silvesterparty am Südstrand

Die Veranstaltungen können innerhalb der Jahre variieren. Für das jeweilige Jahr sind die aktuellen Veranstaltungen im Veranstaltungskalender unter http://fehmarn.de wie folgt aufgeführt:

http://www.fehmarn.de/de/aktuelles_und_veranstaltungen/veranstaltungskalender.php

Die Strände der Insel Fehmarn

Auf Fehmarn gibt es viele Sand- und Naturstrände - also für jeden den richtigen Strand. Nachstehend eine kurze Beschreibung der Strände

Sandstrände:

Meeschendorf: Feiner Sandstrand, Strandkörbe Große Parkplätze, WC gibt es am Parkplatz vor dem Strand.

Südstrand: Feiner Sandstrand, Restaurantes, Cafés. Großer kostenpflichtiger Parkplatz, Bänke zum Sonnenbaden vor dem Marché und dem FehMahre

Grüner Brink: Strandkorbvermietung. Sehr schöner feinsandiger breiter Naturstrand. Großer saisonal kostenpflichtiger Parkplatz/Kiosk, Kinderspielplatz.

Fehmarnsund: Feiner Sandstrand mit wenig Steinen. Kostenloses Parken. Wunderschöner Blick auf die Brücke.

Naturstrände mit Sand und Steinen:

Natürlich gibt es viele Naturstrände, an denen man herrlich spazieren gehen oder Strand und Meer genießen kann. Die einzelnen Naturstrände sind nachstehend wie folgt aufgeführt:

Bojendorf: Naturstrand mit Sand und Steinen, Dünen. Zugang zum Deich. Kostenloses Parken. Kiosk und WC hinter dem Deich.

Gold: Schmaler Naturstrand mit Steinen und Sand, Deich und sehr schöner Küstenweg, Parken kostenpflichtig. Café vor dem Deich.

Strukkamp: Naturstrand mit einigen Steinen und Sand. Die Steine sind auch im Wasser. Kostenloses Parken. Asphaltierter Weg vom Parkplatz auf die Fehmarn-Sund-Brücke.

Wulfen: Schmaler Naturstrand mit Sand und wenig Steinen. Treppe nach unten zum Strand. Kostenloses Parken und etwas Fußweg zum Strand.

Staberdorf: Breiter Naturstrand mit Steinen (auch im Wasser) und Sand. Schöner Küstenweg vom Parkplatz aus nach rechts Richtung Staberhuk.

Katharinenhof: Rechter Hand viele Steine, auch im Wasser. Linker Hand Sandstrand und auch Steine.

Herrlich windgeschützt. Schöner Fuß-/Radweg oberhalb des Strandes

Presen: Schmaler Naturstrand mit Steinen und Sand, Dünen, die teilweise an einem sehr steinigen Strand entlanggehen. Auf dem asphaltierten Weg kann man kilometerweit laufen und den Kitesurfern zuschauen.

Marienleuchte/Klausdorf: Naturstrand mit teilweise Steinen, wunderbar für lange Strandspaziergänge

Gammendorf/Grüner Brink: Sehr breiter Strand, teilweise feiner Sand, teilweise Naturstrand mit wenigen Steinen, Dünen.

Altenteil: Breiter Sandstrand mit Steinen und Dünen, kostenfreies Parken

Westermarkelsdorf: Breiter Naturstrand mit Steinen, Sand und Dünen. Hier kann man herrlich in den Dünen liegen und in den Himmel schauen. Einen kostenfreien Parkplatz (etwas holprig/mit Schlaglöchern) gibt es direkt hinter dem Deich. Wohnmobile und höhere Autos müssen vor dem Deich links parken.

Flügge: Der Flügger Strand ist vom Leuchtturm über einen schmalen Feldweg zu erreichen oder über den Deich hinter dem Campingplatz. Der Strand ist feinsandig mit Dünen.

Bitte an allen Stränden die Ostseecard nicht vergessen!

Notdienste

Ärztlicher Notdienst: Tel. 116 117

Inselklinik Fehmarn: Mummendorfer Weg 12
Burg
Tel. 04371-50 40

Zahnärztlicher Notdienst: 04521-4454

Tierärztlicher Notdienst: 0160 - 96 85 99 16

Tierschutz-Notruf: 07000 - 585 858 10

Tierärzte:
REGINE DÜBE-REMLING
Vadersdorf, Haus 28, 23769 Fehmarn
Tel. 04371·879749 oder 0163·6508292
Mo-Fr 10-12 Uhr und 18-19 Uhr
Außer Mi Nachmittag u. Do Vormittag
Sa 10-12 Uhr

PEYINGHAUS (24-stündige Notfallbereitschaft)
Fischerstraße 24, 23774 Heiligenhafen, Tel. 04362·7070
Burg, Süderstr. 4, 23769 Fehmarn, Tel. 01714715220
Regulär bis 19 Uhr außer Mi/Sa/So

Apotheke:
Burg-Apotheke
Michaela Sotzek
Landkirchener Weg 42
23769 Fehmarn
04371/8 88 85 90

Unterkünfte

http://fehmarn.de

http://reisecenter-fehmarn.de

http://www.fehmarn-gastgeberverzeichnis.de/

Alles Gute und wunderschöne Ferien!

Ihre Bettina Latt

P.S. Einfach mal reinschauen unter:

http://www.Fehmarn-mit-Hund.com

Auf Wiedersehen auf Fehmarn!

Interview mit einer Fehmaranerin

Janette Jankauskas lebt mit Ihrer Familie und ihren vier Hunden auf der Sonneninsel Fehmarn. Sie ist auf Fehmarn geboren und engagiert sich viel im Tierschutz – insbesondere für spanische Hunde. Außerdem führt sie mit Ihrer Familie erfolgreich das urgemütliche Restraurant „Netti`s" in der Süderstraße 34 in Burg. Ich habe Netti – wie sie liebevoll von Ihren Freunden genannt wird – interviewt:

Welche Jahreszeit findest Du auf der Sonneninsel Fehmarn am schönsten?
Antwort: Die Zeit der Rapsblüte im Mai ist für mich die schönste Jahreszeit. Da duftet die Insel und das Farbenspiel mit blauem Himmel, gelber Raps und dazu das Meer – einfach wunderschön.

Das Führen eines Restaurants nimmt viel Deiner Zeit in Anspruch. Was unternimmst Du am liebsten in Deiner wenigen Freizeit?
Antwort: Am liebsten mache ich in meiner Freizeit lange Strandspaziergänge mit meinen Hunden an den herrlichen Naturstränden der Insel.

Frage: Was sollte ein Fehmarn-Neuling auf jeden Fall gemacht oder gesehen haben?
Antwort: Jedem, der die Insel noch nicht kennt, empfehle ich, eine kleine Inselrundfahrt mit dem Fahrrad. Hierbei kann man einige Sehenswürdigkeiten,

wie z.B. die Leuchttürme der Insel, den Orther Hafen, den Fischereihafen Burgstaaken und natürlich die wunderbaren Naturstrände bewundern und genießen.

Wie würdest Du mit einem Satz die Insel Fehmarn beschreiben?
Antwort: A little sunny Island in the baltic Sea

Welche Veranstaltung(en) sollte man auf der Insel nicht verpassen?
Antwort: Fehmarn ist die Insel der Kiter und Surfer. Die Kite- und Surfveranstaltungen und auch natürlich die SUP-Meisterschaften sind sehr interessant und sehenswert. Auch das Hafenfest, das Altstadtfest und vor allem das Rapsblütenfest sind für Einheimische und Gäste immer wieder sehr schön. Das alljährliche Treffen der „American Bikes" ist immer wieder ein Erlebnis.

Welches ist für Dich die schönste Ecke der Insel?
Antwort: Für mich ist der Strand von Staberhuk die schönste Ecke der Insel. Dieser wunderschöne Naturstrand sieht jeden Tag anders aus. Man kann hier die Naturgewalten des Meeres spüren und immer wieder hat man andere Bilder von diesem Strand, die man verinnerlichen und mit nach Hause nehmen kann.

Was sollte ein Besucher von Fehmarn für zu Hause mitnehmen?
Antwort: Auf der Sonneninsel Fehmarn gibt es viele verschiedene Steine. Ein Besucher sollte einen schönen Stein mitnehmen, der ihn dann zu Hause auf der Fensterbank an einen wunderschönen Urlaub auf der Sonneninsel Fehmarn erinnert.

Was ist Dein Lebensmotto?
Antwort: Da es der Gesundheit förderlich ist, habe ich beschlossen, glücklich zu sein („Voltaire").

Was wünschst Du Dir für die Zukunft für Fehmarn?
Antwort: Für die Insel Fehmarn wünsche ich mir, dass sie naturbelassen bleibt und der Charme der Insel mit den vielen Naturstränden, den kleinen Bauernhöfen und vielen Hofcafés, gemütlichen Restaurants erhalten bleibt. Ich würde es begrüßen, wenn die Surfer und Kiter neben den Bootgebieten hier weiterhin ihren wunderbaren Sport ausüben können und die Reitwege auf Fehmarn ausgebaut werden, um ein gefahrloses Reiten zu ermöglichen.

Von der Autorin getestete Restaurants/Cafés:

„Aalkate« Lemkenhafen"
Räucherei und Fischspezialitäten
Königstrasse 20-22
23769 Lemkenhafen/Fehmarn
Tel: 0 43 72/532
http://www.original-aalkate-fehmarn.de/

Achtern Diek, Bistro
Gold 4, 23769 Fehmarn
Tel. 04371/ 41 49

Hofcafé Albertsdorf
Albertsdorf 13, 23769 Fehmarn
Tel. 04371/ 502524

Allee-Café, Katharinenhof
Hofcafé, Hofladen
Katharinenhof 3
23769 Fehmarn
Tel. 0 4371/ 50 38 38

Café am Hafen
Yachthafen Orth
Dörte Rehbock
Am Hafen 2
23769 Fehmarn/OT Orth
Tel. 04372/ 806 537
www.cafe-am-hafen.fehmarn-meine-sonneninsel.de/

Hotel „Bene"
Südstrandpromenade
23769 Fehmarn
04371 8653
http://www.bene-fehmarn.de/

„Dat ole Aalhus"
Hauptstr. 39a, 23769 Landkirchen/Fehmarn
Tel. 04371 / 9199

El Sol, Café
Burgstaaken 85, 23769 Fehmarn
Telefon: 0 43 71/8 89 83 07

Flora Café
Altjellingsdorf Nr. 1
23769 Altjellingsdorf/Fehmarn
Tel. 04371 / 8792 14
http://flora-cafe-fehmarn.de/

Flying Burger
0175 - 255 47 25 tägl. ab 17 Uhr - 21.30 Uhr.

Frau Schmidt, Café/Cocktailbar
Bahnhofstr. 1
23769 Fehmarn OT Burg
Tel: 0 43 71 - 88 98 414

Café Jedermann
Ohrtstraße 25
23769 Burg auf Fehmarn
Tel. 04371 / 1411
http://www.cafejedermann-fehmarn.de/

Kleine Kaffeestube
Hauptstr. 15
Petersdorf
23769 Fehmarn
04372 / 8068025

Hofcafé Klausdorf
Fam. Lafrenz
Dorfstr. 30
23769 Fehmarn/OT Klausdorf
Tel. 04371 / 87 97 84
http://www.bauernhof-lafrenz.de/

Café Liebevoll
Bahnhofstr. 17
23769 Fehmarn
Tel. 0177 / 240 9690

Land-Gut-Hotel Lindenhof
Gollendorfer Weg 3
23769 Fehmarn OT Sulsdorf
Tel. 04372 /1313
http://www.lindenhof-fehmarn.de/

Lotsenhus, Hafen Burgstaaken
Burgstaaken 65
23769 Fehmarn
Tel. 04371/5597
http://fehmarn-lotsenhus.de/

Restaurant „Netti`s"
Süderstraße 34, 23769 Burg auf Fehmarn
Tel. 04371 / 879242
http://www.nettis-restaurant.de/

Piratennest, Restaurant
Am Hafen 1, 23769 Fehmarn/Orth
Tel. 04372 / 806590
http://www.piratennest-fehmarn.de/

Pier 37, Café/Cocktailbar
Hafen Burgstaaken
Burgstaaken 37, 23769 Fehmarn
Telefon: 0 43 71/8 64 73 07

Restaurant „Seeblick"
Camping und Freizeitpark „Wulfener Hals"
23769 Fehmarn
Tel. 04371 / 869804 oder 8628 0
http://www.wulfenerhals.de/restaurant_seeblick.html

Café Sorgenfrei
Südstrandpromenade 1, 23769 Burgtiefe/Fehmarn
Tel. 01577 / 401 6365
http://www.cafe-sorgenfrei.de/

Stadtcafé Burg
Am Markt 16
23769 Fehmarn
04371/ 6527

Steak-und Fischhus
Landkirchener Weg 1a
23769 Fehmarn
Tel. 04371 / 90 19

Strand Pizzeria
Südstrandpromenade
23769 Fehmarn
Tel.04371 / 890

Sunset, Strandbar
Am Seepark 23
23774 Heiligenhafen
Tel. 0173 / 2794451
https://www.youtube.com/watch?v=JjZel7LYSPQ

Tee & Kaffee Kontor
Osterstr. 45
23769 Fehmarn
Tel. 04371 / 6694

Restaurant Waldpavillion
Katharinenhof 28
(kurz vor dem Campingplatz rechts)
Tel. 04371 / 879913
http://www.ferienwohnungen-museumshof-fehmarn.de/restaurant-waldpavillon.html

Wisser`s Hotel
Am Markt 21
23769 Fehmarn
Tel. 04371/31 11
http://www.wissers-hotel.de/

Frühstücken auf Fehmarn

In der Saison

Täglich
- Achtern Diek, Gold, täglich ab 8 Uhr
- Café Liebevoll, Burg ab 9 Uhr
- Café Jedermann, Burg ab 10 Uhr
- Stadtcafé Burg, täglich ab 9 Uhr
- Wisser`s Hotel
- Landguthotel Lindenhof, Sulsdorf ab 8 Uhr
- Campingplatz Miramar, Fehmarn-Sund, ab 7 Uhr
- Hofcafé Lafrenz, Klausdorf ab 7 Uhr
- Inselbäckereien
- Kleine Kaffeestube, Petersdorf, ab 9.30 Uhr außer Mittwochs
- Café am Hafen, Yachthafen Orth, tägl. ab 7.00 Uhr
- Frau Schmidt, Burg, ab 9 Uhr, am Wochenende ab 10 Uhr

Sonntag und Feiertage
- Cafe Sorgenfrei, Burgtiefe ab 10 Uhr
- Alleecafe, Katharinenhof, ab 10 Uhr
- Museumshof Katharinenhof, ab 10 Uhr
- Burg-Eis, Fehmarn
- Café Villa, Yachthafen Orth, Sa+So ab 10 Uhr
- Hofcafé Albertsdorf

Außerhalb der Saison

Täglich:
- Stadtcafé Burg, ab 9 Uhr
- Landguthotel Lindenhof, Sulsdorf ab 8 Uhr
- Inselbäckereien ab 7 Uhr
- Kleine Kaffeestube, Petersdorf, ab 10 Uhr (Mittwoch Ruhetag)
- Café Liebevoll, Burg, ab 9 Uhr
- Hotel Bene, Südstrandpromenade
- Café am Hafen, Yachthafen Orth, ab 7 Uhr (außer im November/teilw.Dezember,geöffnet dann wieder ab Weihnachten)

Sonntags
Wisser`s Hotel, Burg
Hofcafè Lafrenz, Klausdorf, ab 7 Uhr
Burg- Eis, Burg
Frau Schmidt, Burg, ab 10 Uhr

Eis

- Eiscafé Venezia, Breite Str. 37,Burg
  (auch laktosefreies Eis)
  Südstrandprommenade im Eiswagen

- Burg - Eis, Breite Str. 18-20, Burg

- Eisdiele im Hafen neben dem Fischlädchen

- Café El Sol, Hafen Burgstaaken

- Flora Café, Altjellingsdorf (auch laktosefrei)

- Hofcafé Albertsdorf, Albertsdorf

- Café am Hafen, Yachthafen Orth

- Lotsenhus, Hafen Burgstaaken

- Eiscafè Veneto, Am Markt,Burg

- Radden`s Eis, (Softeis) Süderstraße (neben Netti´s und im Sommer lange Schlange zum Anstehen

Die Eisdielen haben saisonal geöffnet!

Restaurants und Cafés mit Meerblick

Achtern Diek
Gold 4,Fehmarn/OT Gold
Tel. 04371/ 4149

Café Sorgenfrei (saisonal)
Südstrandpromenade 1
23769 Burgtiefe/Fehmarn
Tel. 01577/401 6365
http://www.cafe-sorgenfrei.de/

Waldpavillion, Café/Restaurant (saisonal)
Katharinenhof 28
(kurz vor dem Campingplatz rechts)
Tel. 04371/879913
http://www.ferienwohnungen-museumshof-fehmarn.de/restaurant-waldpavillon.html

Strand Pizzeria
Südstrandpromenade
23769 Fehmarn
04371/890

Café/Bar „Brandung"
Südstrandpromenade
23769 Fehmarn

Windrose, Restaurant

Südstrandpromenade
23769 Fehmarn
Tel.: 04371 / 89 2501
http://www.windrose-ifa.de/

„Piratennest",Restaurant (saisonal)
Yachthafen Orth
Am Hafen 1
23769 Fehmarn
http://www.piratennest-fehmarn.de/

Café am Hafen
Yachthafen Orth
Dörte Rehbock
Am Hafen 2
23769 Orth auf Fehmarn
Tel. 04372/80 65 37
(November geschlossen)
http://www.cafe-am-hafen.fehmarn-meine-sonneninsel.de/index.html

El Sol, Cafe
(saisonal)
Hafen Burgstaaten
23769 Fehmarn

Lotsenhus
Hafen Burgstaaken
Burgstaaken 65
23769 Fehmarn

Eisdiele am Hafen Burgstaaken
(saisonal)
Hafen Burgstaaten
23769 Fehmarn

Eisdiele auf dem Campingplatz
(saisonal)
Wulfener Hals

Sunset, Strandbar in Heiligenhafen
(saisonal)
Seepark 23
23774 Heiligenhafen
Tel. 0173/279 44 51
http://www.sunset-strandbar.de/

Die einzelnen Öffnungszeiten variieren - je nach Saison - und können den Internetseiten entnommen oder per Telefon nachgefragt werden.

Boote/Fahrräder/Golfen/Pferde u.a.

Sanner Bootsverleih
Am Yachthafen,Burgtiefe
Tel.04371 502899 oder 0177 2468437

Kutterfahrten
Hafen Burgstaaken
Tel.: 04371 9526

Hochseeangeln
MS Silverland,MS Kehrheim
Hafen Burgstaaken
Tel.: 04371 2149

Golfschule David Stenson
Wulfener-Hals-Weg
23769 Fehmarn OT Wulfen
Tel.: 0179 7407203

Adventure Minigolf
Meeschendorf
Tel. 04371-8888574
www.adventure-golf-fehmarn.de

Silo-Climbing
Hafen Burgstaaken
Tel. 04371-503102
www.siloclimbing.de

Hochseilgarten Menschendorf
www.hochseilgarten-fehmarn.de

Kartbahn Burgstaaken
www.kartbahn-fehmarn.de

Bernsteinschleifen
Am Markt 1
23769 Fehmarn

Pony-Führerschein
Ferienhof Ogriseck
Rosenstr. 1
23769 Fehmarn OT Bannesdorf
04371 879269

Ponyhof Wallnau
Wallnau 2, 23769 Fehmarn
01525 3985111
http://www.reiten-auf-fehmarn.eu/

Strandausritte
Gestüt Rüder
Blieschendorf 5 -
23769 Fehmarn
Tel.: 04371 / 3206
http://www.gestuet-rueder.de

Surf- und Segelschule Charchulla
Manfred Charchulla
Strandallee
Burgtiefe
23769 Fehmarn OT Burgtiefe
Tel.: 04371 3400
http://www.surfschule-charchulla.de/

Schnüffelkurse

Nasenarbeit kann für einen Hund sehr anstrengend sein, bietet aber Hund und Mensch viel Spaß und Abwechslung. Ich bin ein Beagle und kann Futter daher meilenweit gegen den Wind riechen. Meine Lieblingsbeschäftigung ist z. B. das Erschnüffeln von Leckerlies. Frauchen denkt sich immer neue Spiele für uns Hunde aus.

Sie könnten daher darüber nachdenken

bei Frauchen einen Schnüffelkurs zu buchen.

Informationen zu den Kursen gibt es unter:

http:://www.fehmarn-mit-Hund.com

Kontakt für Schnüffelkurse:

oder www.fehmarn-mit-hund.com

Bettina-Latt@web.de

Tel. 0157 – 34 24 20 81

Zur Autorin

Bettina Latt, Jahrgang 1964, lebt mit ihrem Mann und ihren Hunden und Pferden in Neujellingsdorf auf der Ostseeinsel Fehmarn und in einem kleinen Dorf bei Celle in der Südheide.

Sie ist selbstständig im Bereich der Immobilienverwaltung.

Auf Fehmarn gibt sie Schnüffelkurse für Hunde, organisiert gemeinsame Hundespaziergänge und bietet Geocaching für Kinder und Anfänger an.

Hunde und Pferde begleiten sie seit ihrer Kindheit und nehmen den größten Teil ihres Lebens ein.

Fehmarn - All Inclusive ist der dritte Inselführer der Autorin.

Leseprobe aus „Die Beagle-GmbH"
Eine Hundegesellschaft mit beschränkter Haftung

12. Beagle-Blödsinn

Sein natürliches Futter besorgt sich der Beagle gern, wenn ich wieder eine Schale Gemüse püriert habe, vergesse, diese Schale auf dem Küchentresen nach hinten zu schieben und mich kurz dem Kühlschrank zuwende oder meine Hände wasche. In diesem kurzen Moment stützt sich der Beagle gern mit seinen Pfötchen am Küchentresen ab, hat eine Kunstfertigkeit mit seiner Nase entwickelt, indem er die Schale so lange hin und her schiebt, bis sie etwas übersteht, um dann mit der Nase durch einen kräftigen Stupser die Schale zum Fliegen zu bringen. Diese landet dann für gewöhnlich direkt vor seinen Pfötchen und alle Hunde – die den Beagle mit Spannung beobachtet haben – stürzen sich mit Vergnügen auf das Püree. Prima. Frauchen kann ja dann die Küche putzen, die Wände und Schränke abwischen, den Fußboden wischen und für den nächsten Tag alles noch einmal neu pürieren. Immer wieder schön sind auch abends auf dem Wohnzimmertisch vergessene Joghurtbecher, Schokoladentafeln, Bonbons und sonstige Knabbereien. Der Beagle findet sie alle, auch, wenn wir schon längst im Land der Träume sind, packt der Beagle fein säuberlich alles aus und vertilgt es. Wir dürfen dann am nächsten Morgen die Papierschnipsel beseitigen und uns ärgern, dass wir mal wieder nicht aufgepasst haben. Natürlich werden diese selbst beschafften Leckereien dann vom Beaglefutter abgezogen.

Es gibt keinen Hund, der schneller als ein Beagle mit einem vom Küchentresen gemopsten halben Weißbrot an einem vorbei, aus der Tür und in den Garten düsen kann. Auch die Brötchen aus der eben abgestellten Tasche finden denselben schnellen Weg in den Garten oder die Treppe hoch in das erste Geschoss. Flitzt man hinterher, hat der Beagle bereits mindestens zwei Brötchen vertilgt und widmet sich gerade dem dritten. Erstaunlich bei dem schnellen Weg der Nahrungsaufnahme ist, dass alle Brötchen im Beaglemagen bleiben und einen ganz natürlichen Weg der Verdauung nehmen.

Die Beagle GmbH -
Eine Hundegesellschaft mit beschränkter Haftung

Bettina Latt schildert das abwechslungsreiche Leben mit ihrem Mann, ihren Hunden und Pferden. Erfahren Sie etwas über die Hund-Mensch-Kommunikation, aber auch über die Kommunikation zwischen den Hunden.

Die Autorin berichtet über Ihre Erfahrungen mit der Allergie des Beagles sowie über die Ernährung (B.A.R.F oder Trockenfutter) und die Erziehung der Hunde.

Sie beschreibt in ihrem Buch die Ausbildung der Hunde zum Pferdebegleithund und schildert die Übernahme eines Hundes aus dem Tierheim.

Reisen Sie zusammen mit der Autorin zu einer Stippvisite zu dem wunderschönen Cornwall und wandern mit ihr und der kleinen Hundemeute über die Inseln Sylt, Fehmarn, Rügen und Föhr.

Die Erzählungen über den Unsinn, den der Beagle fast täglich anstellt, machen dieses Buch zu einem besonderen Lesevergnügen.

Die in diesem Buch enthaltenen Beschäftigungsideen und Schnüffelspiele liefern einen Beitrag zu einem noch glücklicheren Leben mit Ihrem Hund.

Weitere erschienene Werke der Autorin Bettina Latt:

Marie - Ein Magyar-Vizsla aus Ungarn-Ein Tagebuchbericht-

Bettina Latt berichtet in diesem Buch über die Idee, einem Hund aus dem Ausland ein neues zu Hause zu geben. Lesen Sie, wieso es ein Hund aus dem Ausland wurde, mit welchen Kosten Sie rechnen müssen, welche tierärztlichen Untersuchungen notwendig sind und was noch alles zu beachten ist, bevor der neue "Mitbewohner " einziehen kann.

Das Buch enthält einige Anregungen und Spiele, die für einen ausgeglichenen zufriedenen Hund wichtig sind. Mit Kauf dieses Buches wird der Verein „Vizsla in Not e.V." unterstützt.

Sylt mit Hund

Sylt bedeutet breite Sandstrände und Meer, reetgedeckte Friesenhäuser, unendliche Weite sowie wunderschöne Natur.

Lernen Sie in diesem Buch zusammen mit dem Reiseführer Carlos, einem Magyar-Vizsla, die schönsten Seiten von Sylt kennen. Folgen Sie

Carlos in seine Lieblingscafés und Restaurants und lernen hierbei einen kleinen Auszug aus der großen Gastronomie der Insel Sylt kennen. Lesen Sie, wo es die schönsten Sonnenuntergänge mit Meerblick inklusive auf Sylt gibt.kleine versteckte Ecken mit schöner Aussicht, wunderschöne Küstenpfade, Wanderungen mit Carlos durch die Heidelandschaft und lange Strandspaziergänge - all das lernen Sie zusammen mit Ihrem Hund auf Sylt kennen.

Die Autorin gibt viele persönliche Tipps für Shopping, besonders schöne Aussichtspunkte und ungewöhnlich schöne Momente mit Ihrem Hund auf Sylt. Haben Sie mit Hilfe dieses Buches einfach einen ganz wunderbaren Urlaub mit Ihrem Hund auf Sylt!

Das Buch enthält ein Tierarztverzeichnis sowie Adressen für Hundfutter(auch B.A.R.F), Hundezubehör und Hundebettenverleih.

Fehmarn mit Hund

Fehmarn ist eine der hundefreundlichsten Inseln. Unterschiedliche Natur- und Sandstrände sowie wunderschöne Naturschutzgebiete prägen das Landschafts-bild der Ostseeinsel.

In ihrem Buch beschreibt Bettina Latt nicht nur die schönsten Strände der Insel, die Sie mit Ihrem Hund besuchen können, sondern auch Rad- und Wanderwege. Lassen Sie sich von der Autorin zu den schönsten Ecken Fehmarns entführen, die für Sie und Ihren Hund eine wunderbare Aussicht bieten und auch im Sommer nicht überfüllt sind.

Finden Sie mit Hilfe dieses Buches Ihr Lieblingscafé direkt am Meer und genießen hier mit Ihrem Hund die unvergleichlichen Sonnenuntergänge Fehmarns. Die Autorin gibt Tipps, die Ihren Urlaub zu einem unvergesslichen Erlebnis werden lassen.

Bettina Latt hat hundefreundliche Restaurants und Cafés der Sonneninsel Fehmarn besucht, ein Interview mit einer einheimischen Restaurantbesitzerin geführt und die Strände von Fehmarn im Einzelnen mit Bildern beschrieben.

Die Beschäftigungsideen für Ihren Hund am Strand und in der Ferienwohnung sowie ein bisschen „Fehmarn für Zuhause" machen das Buch zu einem Lesevergnügen.

Das Buch enthält ein Tierarztverzeichnis und Bezugsquellen auf der Insel für Hundefutter- und Zubehör.